大学で学ぶゾンビ学

~人はなぜゾンビに惹かれるのか~

岡本 健
Takeshi Okamoto

はじめに

　私は、大学でゾンビについて教えている。そのように聞いてどのように思われるだろうか。「大学でゾンビだって？　けしからん！」と思われる向きもあるかもしれない。大学教育は、もっと高尚なテーマを扱うべきだろうか。あるいは、もっと役に立ちそうなことを教えて卒業後すぐに活躍できる「即戦力」を輩出すべきだろうか。いやいや、すぐには役に立たないが深い「教養」をこそ教えるべきか……。どれも一理ある。私も自分が日々行っている教育が学生たちにとって「何の役に立つか」、よく考える。

「大学でゾンビのことを教えている」というのは、少し言葉足らずだった。「ゾンビを例に、研究の仕方を教えている」と言ったほうが正確だ。「研究の仕方」などと言うと、学者や学生にとってしか、あるいは、大学や研究所、学会などの限られた場所でしか、必要ではないことのように思えるかもしれない。しかし、私は「研究」という「ものの見方」や「探求の方法」「考える力」「物事に対する姿勢」は、さまざまな場面に応用可能な生活の知恵になると考えている。もちろん就職活動にも「研究」の手法は役に立つし、仕事の、家事の、趣味の役にも立つ。つまるところ、何をするにも成否を決するのは情報を収集する力、集めた情報から思考する力、自分の考えを他者にわかりやすく提示する力だからだ。

一方で、ゾンビ人気が止まらない。日本の二〇一九年の十一月、十二月の映画館では、アメリカ映画『ゾンビランド』の続編『ゾンビランド：ダブルタップ』そして、第二十七回鮎川哲也賞を受賞したミステリ小説作品の実写映画化作品『屍人荘の殺人』が公開されていた。前年の二〇一八年には、ゾンビ映画を撮影するクルーの奮闘を笑いたっぷりに描いた映画『カメラを止めるな！』が大ヒットした。低予算映画で、当初はわずか二館で封切られたが、口コミやSNS、マスメディアなどで話題になり、三〇〇館を超える映画館で上映された。こうした現象を受けて、二〇一八年のユーキャン新語・流行語大賞に「カメ止め」がノミネートされるに至った。

『カメラを止めるな！』で描かれていたように、現実世界でもゾンビ映画は低予算なものが多く、『カメ止め』同様に全国二館の劇場でのみ公開、というものが多かった（し、今もそういう作品は健在だ）。ところが、二〇一〇年代になり、大型予算のゾンビ映画が作られ、数多くの映画館で公開されるようになった。たとえば、ブラッド・ピット主演の『ワールド・ウォーZ』が二〇一三年に公開された。その後、大泉洋、有村架純、長澤まさみなどが出演した『アイアムアヒーロー』（二〇一六）、次いで、韓国映画でコン・ユ主演の『新感染　ファイナル・エクスプレス』が二〇一七年に多くの劇場で公開され人気を博した。二〇一〇年代に入って、ゾンビ映画がメインストリームに躍り出たのである。

　映画のみならず、デジタルゲームやスマホゲーム、ボードゲームなどでもゾンビは大人気だし、アニメ、マンガ、小説、ドラマなど、さまざまなメディア・コンテンツに登場している。直接的にゾンビを描いているわけではないが、ゾンビ的な特徴を持った存在が出てくる作品も楽しまれている。有名な作品をいくつか挙げると『進撃の巨人』『東京喰種トーキョーグール』『亜人』そして、『鬼滅の刃』などだ。本書でも、こうしたゾンビ的コンテンツについて分析を行おうと思う。

　さらに、近年日本で急激に存在感を増した「ハロウィン」[1]の時期には、ゾンビの仮装をした人々が街に繰り出す。各地のテーマパークや遊園地ではゾンビが登場するイベントが開催され、ゾンビをモチーフにした飲食物やゾンビ体操まである。ゾンビを地域振興に活用した例もある。一体全体ゾンビの何がそんなに人を惹《ひ》きつけるのだろうか。

　本書では、私が普段、大学の講義で受講生に伝えているように、「ゾンビ」を例にして「研究」の手法を皆さんにお伝えしたい。つまり、ゾンビに詳しくなりながら、研究者のトレーニングを積むことができる、役に立たないような役に立つような内容の本である。本書を読んで、研究の手法を身に付ければ、ゾンビ以外のことにも応用できる。皆さんが気になることや解決したいことを研究するのに生かしてもらえれば幸いだ。

ところで、私が授業の初回に必ず言うことがある。「最終レポートは無理やり二〇〇〇字を埋める苦行ではありません。皆さんの作品です。書き方さえわかれば楽しく書けます」。すでに大学を卒業した方の中には「そういえば、レポート書くの、大変だったなぁ」という想《おも》いを持つ方がおられるかもしれない。もしかしたら、「あれは一体なんだったのだ。まったく、大学の勉強なんて実社会では何の役にも（以下略）」という方もおられるだろうか。そんな人にも、本書を参考に、自分自身で何かテーマを決めて研究レポートを書いてみてもらいたい。きっといろんなことがわかって面白いですよ。

さぁ、そろそろ時間が来ましたので、ゾンビ学の授業を始めましょうか。

1 ハロウィンについてより詳しく知りたい方は、『ジャパニーズハロウィンの謎』（講談社）および『ハロウィーンの文化誌』（原書房）などを参照していただきたい。

もくじ　大学で学ぶゾンビ学　～人はなぜゾンビに惹かれるのか～

第四章　日本のゾンビ文化考——177

第五章　なぜ人々はゾンビに惹かれるのか——245

第一章　「ゾンビ」とは何か

1. ゾンビという字を辞書で引いたら…

そもそも「ゾンビ」とは一体何者なのだろう。研究を始める際は、研究対象について説明せねばならない。しかし、実はこれがなかなか難しい。研究するのは、対象についてわかっていないことがあるからであって、それをいきなり説明せよというのは大変だ。とはいえ、何らかの形で説明をつけないことには、研究が始まらない。

まず思いつくのは「辞典（事典）で調べる」あるいは「ネットで検索」ではないだろうか。辞典や事典は、出版社の辞書編纂《へんさん》部署や学者、研究者などによって記される。事典にはいくつか種類があり、一般的な事典のほかに、「専門事典」もある。『物理学事典』『生物学事典』『経済学事典』『社会学事典』といった、特定の分野に関する用語が説明された事典だ。ひとまず、手元にあった『旺文社国語辞典〔第十一版〕』を引いてみる。

ゾンビ…〈zombie〉ブードゥー教（＝西インド諸島で行われる宗教）で、呪術《じゅじゅつ》によって生き返った死体なるほど。確かにそういうのもいるかもしれない。ただ、読者の皆さんはこの説明で納得がいくだろうか。ゾンビのことを少しでも知っている方は、そして、本書の「はじめに」をすでにお読みいただいた皆さんは、これでは「ゾンビ」イメージを形作る要素のほんの一部分しか表現できていないことに、すぐに気づいていただけるだろう。

それでは、ネットの世界の集合知の力を借りてみようではないか。そう、ウィキペディア（Wikipedia）である。Wikipediaによると「ウィキペディア（英：Wikipedia）は、ウィキメディア財団が運営しているインターネット百科事典である。コピーレフトなライセンスのもと、サイトにアクセス可能な誰もが無料で自由に編集に参加できる。世界の各言語で展開されている。」とある（https://ja.wikipedia.org/wiki/ウィキペディア）。

大学教員の中には、Wikipediaを嫌う人もいて、学生たちに「使ってはいけない」と指導する人もいる。その理由の一つは、先ほどの記述の中にあるようにWikipediaが「誰もが無料で自由に編集に参加できる」からだ。これは、Wikipedia以外のインターネット上の記述の多くにも当てはまる特徴だ。誰だかわからない人によって、どんどん内容が変わっていってしまうので、確かに情報の正確性や安定性に疑問符が付く。

ただし、「ネットの情報源は信用できないが、本の情報は信用できる」というのもまた不正確だ。新聞や雑誌、書籍にも誤情報は掲載されている。情報の確度の高さについて、本だから、ネットだから、と単純に決めつけることこそ、情報リテラシーが実に低い状態だ。私は、Wikipedia を始めとしたインターネット上の情報は、その「作られ方」をよく知った上で使うのであれば、学習のスタートとしては、とても有用なものだと考えている。それというのも、Wikipedia の記事は、基本的にはすでに出された出版物や、ネット上のニュース記事といった情報からの「引用」によって作られているからである。

レベルの高い記述については、Wikipedia の「秀逸な記事」というページにまとめられている。私が確認した時には「ノストラダムス」「ベリリウム」「深海魚」「讃岐うどん」「チンドン屋」「日本語」「アイザック・アシモフ」などの項目が選ばれていた。サイトに示された選定の基準は、以下の七点である。

1. 高い完成度で文章や構成がよくまとめられている。(可能なら)図や画像や表なども使われ、説明を補助している。
2. 詳しくない読者にもその主題について理解できるように、わかりやすく書かれている。

ただし、高度に専門的な主題を扱ったものであれば、関連記事を読んで理解していることを前提にするのは問題ない。

3．必ず説明されるべき点から主な関連事項までが含まれ、内容が充実している。ただし、どこまでを含むかは他の記事との連携・分担関係にもよる。

4．専門的な資料から関連資料に至るまで、主題についてよく調査されている。

5．観点の中立性が保たれている。

6．必要な出典が記事全体を通して十分に挙げられており、個々の記述の根拠が脚注や本文中で明らかにされている。特に、肯定的・否定的・主観的な表現については出典が付けられていることが望ましい。

7．以上の点が全て満たされている。

これらの条件のうちのいくつかは、大学のレポートや卒業論文の評価基準にそのまま使っても良いものになっている。こうした基準にのっとってさまざまな人が日々ブラッシュアップしていると考えると、Wikipedia の記述も捨てたものではないように思える。紙の事典に載る前の新しい事象や新語などが、いち早く取り上げられていることがあり、研究のとっかかりとして、とても助かる。

ただ、項目によってはこうした基準にのっとることができていないものもある。出典が不明な情報が書き連ねられたものや、主観的な感想のようなものが混ざっていることもあり、確かにそれらの記述の信憑性《しんぴょうせい》は低い。

まとめると、Wikipediaを始めとしたネットの情報は、手軽に調べられて便利なので、臆せずに調べてみるといい。ただし、それをそのまま鵜《う》呑みにするのは避けよう。参考にして、元情報を別のソース（情報源）からも探し出すという手続きが必要になる。さて、それではWikipediaのゾンビの項目を見てみよう。

> ゾンビ（英語：Zombie）とは、何らかの力で死体のまま蘇った人間の総称である。ホラーやファンタジー作品などに登場し、「腐った死体が歩き回る」という描写が多くなされる。[1]

記述は少し詳細になったが、やはり、「よみがえった死体」という点に主眼が置かれていることには違いがない。だが、本当にゾンビの中心的な特徴はそこにあるのだろうか。たとえば、『バイオハザード』という作品に登場するゾンビは、設定的には「死体」ではなくウイルスに感染した感染者だ。つまり、近年のゾンビは必ずしも死体が墓から蘇《よみがえ》ってくるものばかりではないし、腐っていかないものもいる。

そうすると、先ほどの二つの定義で言われている「ゾンビ」の中心的な特徴である、「死体」「墓から出てくる」「腐っている」のいずれも当てはまらない存在が、今はゾンビと呼ばれていることになる。これは困った。また国語辞典では「ブードゥー教」が要因と書かれていたが、Wikipediaでは、「何らかの力で」という持って回った言い方になっているのも、とても気になる。一体全体、どんな力なのだろうか。

しかも、Wikipediaの「ゾンビ」の項目のページには、「この記事は検証可能な参考文献や出典が全く示されていないか、不十分です。出典を追加して記事の信頼性向上にご協力ください（2014年2月）」という注意書きが付けられている。それから六年経過しているが、改善がみられていない。となると、これはどうも、ちょっと辞書を調べたり、ネットで検索したりしたぐらいでは「ゾンビ」の神髄には迫れないようだ。

1 この記述に続いて、1．現実におけるゾンビ　2．架空世界におけるゾンビ　などの項目が並んでおり、より詳細な説明がある。

2. 先行研究の収集と整理

さて、始まって数ページで、いきなり手詰まりである。しかし、先ほど調べたことは何も無駄ではない。答えは見つからなかったが、「この方法ではここまでしかわからなかった」ということがわかった。これは、研究を進めていく上ではとても大切なことなのだ。格好をつけて「スムーズにわかりましたよ」と書きたくなるのは人情だが、研究では、「この方法を試したらこういう結果でした」ということをしっかり記録し、表現することが重要だ。そうすれば、次に似たような研究をしようとする人のヒントになる。さて、それではここで、ゾンビについて、さらに深めていくために、研究的手法である「先行研究の収集と整理」を行ってみよう。これは、研究を進めていく上でとても重要な作業なので、おろそかにしてはいけない。

「先行研究」とは、自分の研究に関する「すでになされた研究成果」のことで、「既往研究」とも呼ばれる。先行研究を調べることにはいくつかの意味があるが、一つは対象に対するさまざまな知識を学ぶことができる点だ。読者の皆さんも、ご自身の興味、関心のあるテーマや対象を挙げるように言われれば、おそらくいくつか挙げることができるだろう。趣味にしていることや、最近気になっていること、あるいは、以前から「問題だな」と感じていた社会的事象などなんでも構わない。

しかし、自分が挙げたことについて、多角的に説明できるほどの知識を持っているかと言われると厳しいのではないだろうか。その起源や歴史、名前の由来、どうやって作られるのか、現在どのくらいの人がかかわっているのか、産業規模はどの程度なのか、どれくらいの範囲で楽しまれているのか等々。好きで楽しんでいる分には気にしなくても構わないことなのだが、それを専門的に研究対象にするとなると、これらについて説明できるようにならねばならない。先行研究を探し、それらの文献（書籍や論文のこと）を読むことによって、自分の知識の確認や補強ができるのだ。

先行研究を探す際に、手軽に調べられるのはインターネットを用いた方法だ。書籍を探すなら「CiNii Books」[2]「カーリル」[3]など、論文を探すなら「CiNii Articles」[4]「Google

2『CiNii Books』https://ci.nii.ac.jp/books
3『カーリル』https://calil.jp/

Scholar」[5]「J - STAGE」[6]などのウェブ上のデータベースが使える。書籍も論文も検索できる「国立国会図書館サーチ」[7]というサイトもある。これらの使い方は、それぞれのサイトをご覧いただきたいが、どのウェブサイトも「Google」[8]や「YAHOO!」[9]などと同様に検索窓にキーワードを打ち込むと、関連する文献情報が検索できるようになっている。また、登録などは不要で、すぐに使えるのも嬉《うれ》しい。中には、文献の情報だけでなく、本文そのものが読めたりダウンロードできたりするものもあり、ネットに接続したスマートフォンやタブレット端末、パソコンなどがあれば、その場ですぐに先行研究が調べられる。

論文や書籍の情報が得られたら、その現物を読もう。ネットで手に入れば気軽だが、そうではないものもある。その場合は、あきらめてしまわずに、実際にその文献を読める場所を調べる。「CiNii Books」や「カーリル」「CiNii Articles」などを使えば、文献がどこの図書館に配架されているかもわかるので、実際に行くことが可能な図書館を探して足を運んでみてもらいたい。大学附属図書館であっても、一般の方が利用できる図書館もあるので、是非ウェブページなどで利用条件を確認していただきたい。

3．芋づる式に知識を得ていく

現物を読む際には、その内容が大切なのはもちろんだが、ほかにも先行研究の探索に欠かせない情報がある。「参考文献リスト」だ。学術論文や学術的な書籍であれば、それを書くのに参照した文献が一覧で掲載されていたり、引用箇所に文献の情報が書かれていたりする。これを見れば、芋づる式にさまざまな文献を探すことができる。研究者の中には、書籍や論文を手に入れると、本文より先に参考・引用文献リストを見る、という人もいるぐらいだ。かく言う私もそうである。このようにして、どんどん文献を探して読んでいく。

4『CiNii Articles』https://ci.nii.ac.jp/
5『Google Scholar』https://scholar.google.co.jp/
6『J-STAGE』https://www.jstage.jst.go.jp/browse/-char/ja
7『国立国会図書館サーチ』https://iss.ndl.go.jp/
8『Google』https://www.google.co.jp/
9『YAHOO!』https://www.yahoo.co.jp/

芋づる式に文献を見つけ、対象に対する知識の体系を構築していくのだ。

ただし、ネットで探す方法には限界がある。それは、今のところ検索サイトに言葉を打ち込むのが検索者自身であるため、自分が思いつく言葉以上のことは検索できない点だ。類語や反意語もネットで調べられるので、それらを使えば、言葉を学ぶとともに検索の幅は広がっていくし、連想検索システムやレコメンドシステムも活用すれば、ある程度は克服できる。ただ、研究者として、日々さまざまな情報を調べている身からすると、それでもどうしても到達できない情報がある。その情報と出会うには、どうしたらよいのだろう。

そのようなときに重宝するのは、図書館や大型書店である。図書館には、国立国会図書館、公共図書館、大学附属図書館などがある。それぞれにウェブページを持っているので、利用条件を確認して実際に訪ねよう。自分の興味、関心にかかわる文献を見つけたら、それが置いてある棚まで行ってみる。目的の論文や本を見つけたところで一度立ち止まっていただきたい。その周辺の本や論文雑誌も手に取って開き、目次を見てみることをおすすめする。もしかすると、書籍タイトルからは想像もつかない内容が掲載されているかもしれない。その中に、自分が探し求めていた情報があるかもしれない。まさにこうした文献は、検索では見つけられないのだ。見つかった時は「やった！」という気持ちになる。

さらに、図書館や大型書店は、情報検索に「偶然の出会い」を持ち込んでくれる。たとえば、次のような方法がおすすめだ。筆者もたまにやるのだが、自分の興味、関心にかかわらず、とにかく棚の本を眺めながらゆっくり歩きまわる。そう、まるで知識に飢えたゾンビのようにゆっくりと。そうすると、自分の興味の範疇《はんちゅう》にはない分野の文献を、なんとなくではあるが視界に入れることができる。気になるタイトルがあれば、手に取って少し中身を見てみよう。自分の関心にかかわることが載っているかもしれない。そうでなくとも、自分が知らなかった知識を得ることができる。実は、この作業は長期的に見るととても重要だ。「必要な情報のみを短時間で効率よく手に入れたい」という声もよく聞くが、遠回りに見えて、こうした一見無駄なことの積み重ねが、最終的には良い結果につながる。

また、「人」というメディアを活用する方法も捨てたものではない。図書館職員の多くは司書である。カウンターで貸出処理をしている姿や、書架で本の整理をしている姿をよく見かけると思うが、司書は資料検索のスペシャリストだ。多くの図書館では、利用者の調べ物を助けてくれる「リファレンスサービス」があるので、活用してほしい。

ただ、気を付けてもらいたいのは、ある程度自分で考えて工夫して探してみてから、それでも見つからなかったらお願いする、という姿勢を持ってもらいたい点だ。たとえば、「レファレンス協同データベース」[10]というウェブサイトはとても面白い。このウェブサイトは「国立国会図書館が全国の図書館等と協同で構築している、調べ物のためのデータベース」であると説明されている。さまざまな情報が掲載されているが、筆者がおすすめなのは、過去のレファレンス事例である。全国各地の図書館で司書が実際にうけたレファレンス相談事例とその解決策が登録されていて、参考になる。

自分と同じようなことを調べている専門家の話や、同級生、家族からの情報もかなり役に立つ。興味、関心のあるテーマを周りに話しておくと、気に留めて、紹介してくれる人もいる。私も、ゾンビ好きを公言しているので、学生、同僚、家族や親戚、友人などが「この間、こういうゾンビ映画を見たよ」「こんなイベントをやるみたいだけど興味ある？」と教えてくれる。TwitterやFacebookなどのSNSや電子掲示板なども、興味、関心を同じくする人を見つけやすく、そうした人々が発信する情報に助けられることも多い。逆に、皆さんもほかの人の興味、関心を知って、情報網にひっかかったらそれを教えてあげてほしい。ギブ&テイク、もらってばかりではいけない。

最後に、調べ方に行き詰まった場合に有用なウェブサイトも紹介しておこう。「国立国会図書館リサーチ・ナビ」[11]である。本ウェブサイトでは、検索窓にキーワードを打ち込むことによって、「調べ方」についてのヒントが得られたり、「関連キーワード」を提案してくれたりする。これが実に助かる。先ほども書いた通り、インターネットでの調べものが可能になり、非常に便利になった一方で、現状では限界もある。ネットの検索サイトに打ち込む言葉をどれだけ知っているかによって、得られる情報に限りがあるという点だ。こうしたサービスで派生するキーワードを得て、それを用いてさらに検索をかけてみると、自分ではたどり着けない資料の情報を収集することができる。

筆者は研究を始めるにあたって、こうしたさまざまな方法を駆使してゾンビについての先行研究を探して読み、集めた先行研究を三つに分類した。それぞれ、ゾンビの存在を現実的なものとして扱う研究群、虚構的存在として扱う研究群、概念的な存在として扱っている研究群である。それぞれについて説明していこう。

10「レファレンス協同データベース」http://crd.ndl.go.jp
11「国立国会図書館リサーチ・ナビ」https://rnavi.ndl.go.jp

4. 現実のゾンビ

まずは、「現実のゾンビ」について扱っている研究である。先ほど確認した辞書の記述にもあったように、ゾンビは元々、西インド諸島のハイチにおけるヴードゥー教の呪術によって生み出される存在だった。その実在のゾンビ現象について研究した成果がある。ウィリアム・シーブルックによる『魔法の島』や、ウェイド・デイヴィスの『蛇と虹』、『ゾンビ伝説』などがある。このゾンビは、人間に襲い掛かって食うようなものではない。ヴードゥー教の呪術師がゾンビ・パウダーなる粉末を用いた儀式で死体をよみがえらせるのだという。どんよりとうつろな目をして、従順に使役される存在だ。

こうしたゾンビの研究成果を調べたところ、毒性学の分野の論文が複数見つかった。主にゾンビ・パウダーの成分や効果に関心が注がれたのである。先ほどのウェイド・デイヴィスが『Journal of Ethnopharmacology』(民族薬理学雑誌)に投稿した一九八三年の論文「The Ethnobiology of the Haitian Zombie」(ハイチのゾンビの民族生物学)では、ゾンビ・パウダーの中に、テトロドトキシンが含まれていることが報告された。テトロドトキシンは、日本ではフグ毒として有名である。ハイチで見られたゾンビの事例の中には、西洋医学的な知識や技能を持った人間によって一度死亡が確認された後に、再び動き出したものがあるという。もし、それが何かの間違いではないならば、人間を一度仮死状態にできるわけで、麻酔などに応用できる可能性も見えてくる。その後、数年にわたって、テトロドトキシンとゾンビ・パウダーに関する論文が数件出されていた。

結局のところ、テトロドトキシンそれ単独での効果は認められず、ゾンビ現象は、薬物と儀式による心理的な状況とが複合的に作用して起こるものだと結論づけられた。それ以降、こうした研究はあまり行われていない。ただ、現実にゾンビのような状態を生み出す現象に関しては、さまざまな分野で研究がなされており、『ゾンビの科学』[12]という書籍を読むと、それらの研究成果について知ることができる。

たとえば、ゾンビの特徴の一つである「蘇生」に注目して、蘇生の事例や研究が紹介されている。その中には、日本の柔道で用いられる「活《かつ》」も蘇生の技として言及されている。

12 フランク・スウェイン（著）／西田美緒子（訳）（二〇一五）『ゾンビの科学――よみがえりとマインドコントロールの探究』インターシフト

あるいは、「使役」の側面に注目し、マインドコントロールや、スタンレー・ミルグラムの服従実験、寄生虫が宿主の動きを操作することなどが紹介されている。ここまで紹介してきたような研究は、「現実のゾンビを研究した成果」とまとめることができる。

5. 虚構のゾンビ

次に、「虚構のゾンビ」についての研究群だ。これは、映画や小説、ゲームなどのコンテンツに描かれたゾンビの研究である。現実のゾンビをモチーフに、映画や小説、マンガ、アニメ、ゲーム等のさまざまなメディア・コンテンツにゾンビが描かれていく。そうしたコンテンツで描かれる「虚構のゾンビ」を研究した成果には次のようなものがある。

5-1. コンテンツに描かれたゾンビに関する研究

まず、コンテンツ作品や関連する文化について取り上げて分析した成果だ。これに該当するものは数多い。ゾンビ映画およびその周辺文化について、網羅的に取り上げた成果で代表的なものとして、伊東美和の『ゾンビ映画大事典』[13]および『ゾンビ映画大マガジン』[14]がある。この二冊は、国内外のゾンビ映画がレビューされており、コラムでは周辺文化にも触れているため、研究を進める際の基礎的資料として重宝する。『ゾンビ映画大事典』では、一九三二年から二〇〇二年までの三四五のゾンビ映画、そして、『ゾンビ映画大マガジン』では、二〇〇二年から二〇一〇年の約三〇〇の作品が取り上げられている。オジー・イングアンソによる『ゾンビ映画年代記』[15]は、代表的な作品を挙げてゾンビの歴史的変遷を整理したもので、前二者ほど網羅的ではないが、通史的にまとまっており、映画のシーンやポスターなどがカラーで掲載されていて、ビジュアル的な資料としても貴重だ。

網羅的なものとは逆に、特定の監督や作品に絞ったものもある。第二章で詳述するが、ゾンビ映画の歴史を考える上で重要な作品を世に問うた映画監督としてジョージ・A・ロ

13 伊東美和（二〇〇三）『ゾンビ映画大事典』洋泉社
14 伊東美和（二〇一一）『ゾンビ映画大マガジン』洋泉社
15 オジー・イングアンソ（著）／高橋ヨシキ（監訳）（二〇一五）『ゾンビ映画年代記―ZOMBIES ON FILM―』パイインターナショナル

メロを挙げることができる。この監督は『ナイト・オブ・ザ・リビングデッド』『ゾンビ』『死霊のえじき』『ランド・オブ・ザ・デッド』『ダイアリー・オブ・ザ・デッド』『サバイバル・オブ・ザ・デッド』といったゾンビ映画を撮っている。この、ジョージ・A・ロメロおよびその監督作品について詳述しているのが『ゾンビ・サーガ』[16]『ゾンビ・マニアックス』[17]『ジョージ・A・ロメロ』[18]『【決定版】ゾンビ究極読本』[19]である。

より幅広く、ゲームやマンガ、フィギュア、ゾンビメイクといったさまざまなゾンビ文化を紹介したものもある。『GAMES OF THE LIVING DEAD ゾンビゲーム大全』[20]『語れ！ゾンビ』[21]『超進化版ゾンビのトリセツ』[22]といったムック本や、『ハヤカワミステリマガジン』[23]『ユリイカ』[24]『ケトル』[25]『週刊ファミ通』[26]などの雑誌特集も貴重な資料になる。

ゾンビについて、そのさまざまな特徴や、ゾンビと人間、社会との関係性などを批評的、学術的に読み解こうとする研究群もある。一冊まるごとゾンビの分析がなされているもの、あるいは、タイトルやサブタイトルに「ゾンビ」の語が入っているものとしては、以下のものが挙げられる。『ゾンビ論』[27]『新世紀ゾンビ論』[28]『ゾンビ最強完全ガイド』[29]『ゾンビ学』[30]『〈生ける屍〉の表象文化史』[31]『ゾンビの帝国』[32]『ゾンビの小哲学』[33]などがそうだ。その他、批評、哲学、文学、社会学、政治学、文化人類学などの専門家の論考が見られる。[34]

16 野原祐吉（二〇一〇）『ゾンビ・サーガ ―ジョージ・A・ロメロの黙示録』ABC出版
17 ロマンアルバム（二〇一四）『ゾンビ・マニアックス ―ジョージ・A・ロメロとリビングデッドの世界』徳間書店
18 伊東美和・山崎圭司・ノーマン・イングランド他（二〇一七）『ジョージ・A・ロメロ――偉大なるゾンビ映画の創造者』洋泉社
19 ノーマン・イングランド（二〇一九）『【決定版】ゾンビ究極読本』洋泉社
20 ホビージャパンムック（二〇〇九）『GAMES OF THE LIVINGDEAD ゾンビゲーム大全』ホビージャパン
21 ベストムックシリーズ（二〇一三）『語れ！ゾンビ』KKベストセラーズ
22 リビングデッド調査班（二〇一九）『超進化版ゾンビのトリセツ』インプレス
23 （二〇一〇）『ハヤカワミステリマガジン』二〇一〇年八月号「ミニ特集 なぜいまゾンビなのか」早川書房
24 （二〇一三）『ユリイカ』二〇一三年二月号「特集 ゾンビ ―ヴードゥー、ロメロからマンガ、ライトノベルまで」青土社
25 （二〇一七）『ケトル』Vol.38「ゾンビが大好き！」太田出版
26 （二〇二〇）『週刊ファミ通』二〇二〇年二月二十七日号「特集 ゾンビの世界」KADOKAWA
27 伊東美和・山崎圭司・中原昌也（二〇一七）『ゾンビ論』洋泉社
28 藤田直哉（二〇一七）『新世紀ゾンビ論 ―ゾンビとは、あなたであり、わたしである』筑摩書房
29 ロジャー・ラックハースト（著）、福田篤人（訳）（二〇一七）『ゾンビ最強完全ガイド』エクスナレッジ
30 岡本健（二〇一七）『ゾンビ学』人文書院
31 伊藤慎吾・中村正明（二〇一九）『〈生ける屍〉の表象文化史 ―死霊・骸骨・ゾンビ』青土社
32 西山智則（二〇一九）『ゾンビの帝国 ―アナトミー・オブ・ザ・デッド』小鳥遊書房
33 マキシム・クロンブ（著）、武田宙也、福田安佐子（訳）（二〇一九）『ゾンビの小哲学 ―ホラーを通していかに思考するか』人文書院

コンテンツの中で描かれているゾンビを実在のものととらえたり、将来的に現れた場合を想定して、それに対処する仕方をまじめに考えた成果もある。『ゾンビ・サバイバルガイド』[35]や『ゾンビ襲来』[36]、『ゾンビ対数学』[37]、そして、もし、ゾンビになってしまったらどうするかにこたえる『ゾンビの作法』[38]なる書籍まである。さすがにゾンビになった時のことは心配しすぎではないかと思うが……。本書は、まるで新社会人に向けたマニュアル本か自己啓発本のように、フレッシュなゾンビに向けてゾンビ生活の心得が詳細に解説されていて面白い。一人前のゾンビになるのも大変なのである。

こうした思考実験的な取り組みは、硬軟さまざまなものがある。エンタテインメント的なものもあれば、『ゾンビ襲来』や『ゾンビ対数学』に顕著なように、ゾンビに対処することをテーマにしながらほかのことを学べる教科書的なものもある。『ゾンビ襲来』は、ゾンビが現れたら各国はどのような対応をとるかを国際政治学の知見からシミュレーションしたもので、新型コロナウイルスに対する各国の対応が分かれているのを見ると、こういうことを事前に考えておくことも、あながち無駄なことではないと感じる。

5-2. メディアにおけるゾンビの影響や効果に関する研究

さまざまなメディアにコンテンツとして登場するゾンビだが、そうした表現は受容する人々にどのような影響を及ぼすのかに注目した研究がある。

まずは、暴力的メディアに関する研究群が挙げられる。暴力的メディアとは、暴力描写が含まれるテレビ番組や映画、テレビゲームなどのことを指す。こうしたメディア・コンテンツを人々が視聴、体験することによって、どのような影響を受けるのかを研究している分野だ。教育学や工学、社会心理学などのアプローチがあり、方法としては、主に実験や質問紙調査を用いている。こうした成果がまとまった書籍としては、『人工現実感の評価』[39]や『テレビゲーム解釈論序説／アッサンブラージュ』[40]『ゲームと犯罪と子どもたち』[41]

34 具体的にどのようなものがあるかは、『ゾンビ学』の第1章を参照。
35 マックス・ブルックス（著）、卯月音由紀（訳）、森瀬繚（翻訳監修）（二〇一三）『ゾンビ・サバイバルガイド』エンターブレイン
36 ダニエル・ドレズナー（著）、谷口功一、山田高敬（訳）（二〇一二）『ゾンビ襲来 ―国際政治理論で、その日に備える』白水社
37 コリン・アダムズ（著）、小谷太郎（訳）（二〇一八）『ゾンビ対数学 ―数学なしでは生き残れない』技術評論社
38 ジョン・オースティン（著）、兼光ダニエル真（訳）（二〇一一）『ゾンビの作法 ―もしもゾンビになったら』太田出版

などが挙げられる。

ゾンビと教育には、異なる側面も見られる。ゾンビ・コンテンツを活用して、既存の学術的成果を説明したり、ゾンビを足掛かりに社会を考える試みだ。たとえば『(推定3000歳の)ゾンビの哲学に救われた僕(底辺)は、クソッタレな世界をもう一度、生きることにした。』[42]では、延々と生き続けてきたゾンビ哲学者との対話によって哲学的な考え方が学べる。さらに、『無印都市の社会学』の中では、「ゾンビ目線からの社会学」が提唱されており、社会の見方として「ゾンビ目線」の重要性が指摘されている。

5-3. ゾンビ・コンテンツのファンについての研究

最後に、ゾンビ・コンテンツのファン行動やゾンビ・イベントについての研究が挙げられる。この分野は、蓄積が多くないが非常に重要な視点だ。暴力メディアとしてだけでなく、コンテンツの体験者やイベント参加者は、どのような動機を持っており、その実践から何を得ているのか、明らかにする必要がある。ハロウィンの仮装でゾンビメイクをしている人たち、ゾンビ関連イベントやゾンビバーの主催者や参加者が、どのような点に魅力を感じているのかなど、研究テーマはたくさんある。筆者も『巡礼ビジネス』[43]の中で、広島県広島市で開催された地域イベント「横川ゾンビナイト」の概要や面白さについてまとめたが、今後、より実証的な研究が必要になる。

6. 概念のゾンビ

最後に、「概念のゾンビ」に関する研究である。

まず、哲学用語の「哲学的ゾンビ」がある。この概念を認知心理学者の下條信輔は次の

39 舘暲（監）・伊福部達（編）（二〇〇〇）『人工現実感の評価――VRの生理・心理・社会的影響』培風館
40 八尋茂樹（二〇〇五）『テレビゲーム解釈論序説／アッサンブラージュ』現代書館
41 ローレンス・カトナー、シェリル・K・オルソン（著）・鈴木南日子（訳）（二〇〇九）『ゲームと犯罪と子どもたち――ハーバード大学医学部の大規模調査より』インプレスジャパン
42 さくら剛（二〇一七）『（推定3000歳の）ゾンビの哲学に救われた僕（底辺）は、クソッタレな世界をもう一度、生きることにした。』ライツ社
43 岡本健（二〇一八）『巡礼ビジネス――ポップカルチャーが観光資産になる時代』KADOKAWA

ように説明する。「ゾンビといっても、ホラー映画によく登場する、あの墓場から甦った死人のことではありません。けれどもその連想から名付けられた、哲学の専門用語としてのゾンビのこと。私達と同じように振る舞い、飲み食いもし、叩けば「痛い」と言う。普通に話もできるが、それでも意識や意志を持っていない機械仕掛けの人形としてのゾンビです。意識と行動との関係を探るための思考実験ですが、認知哲学では今や流行語です」[44]。

ここでも「墓場から甦った死人」と書かれていることは興味深いものがあるが、これは「虚構のゾンビ」からヒントを得て作り出された哲学の思考実験に使う「概念のゾンビ」なのだ。外見的な特徴や行動は何一つ人間と変わらないのに「意識」だけがない存在を「哲学的ゾンビ」と仮定して、「意識」について考えるための道具である。

本書では、哲学的ゾンビとしてのゾンビを扱うわけではなく、その名づけの元となった虚構のゾンビを中心に分析していく。ただ、「ゾンビ」を手掛かりにして、人間や社会について考えていこうとする点においては近い態度であると言えよう。

次に、さまざまなものに対して比喩表現として用いられる例だ。コンピュータ関連では「ゾンビOSS」、経済学関連では「ゾンビ経済学」、政策批判「ゾンビ化するTPP」「ゾンビ化するアベノミクス」といった用法で用いられている。

こうした表現を研究した成果がある。『ゾンビ襲来』を翻訳した谷口功一は、日本の議会において「ゾンビ」という言葉がどのように用いられているのかを調査した。[45]国会会議録検索システムを用いて、第一回から第百八十国会までの衆参両院の本会議と全委員会を対象に検索を実施したという。その結果、ゾンビ発言頻度が最も高いのは民主党[46]であることがわかった。用例としては「企業のゾンビ化」、事業仕分けにもかかわらず復活してきた事業についての言及、「ゾンビPC」「ゾンビ議員」などが挙げられた。

「哲学的ゾンビ」や「比喩的に用いられるゾンビ」は、具体的な作品や図像に縛られず、イメージとしてのゾンビから、特定の要素を取り出して用いられている。たとえば「死んでいる」「意識がない」という要素が取り出され、不活性の状態や十全に機能していない

44 下條信輔（一九九九）「私達は「ゾンビ」とどう違うか」『本』24-3、講談社、pp.18-20.
45 谷口功一（二〇一二）「ゾンビ研究事始 ―本書の解説を兼ねて」ダニエル・ドレズナー（著）、谷口功一・山田高敬（訳）『ゾンビ襲来 ―国際政治理論で、その日に備える』白水社、pp.157-207.
46 民主党は、維新の党と合流し、二〇一六年三月二十七日に民進党となった。その後、二〇一八年五月七日に、希望の党と合流して国民民主党となった。

状態を表したり、「なかなか動きを停止しない」点から、「地位や役職、立場に居座り続ける」「否定されても主張し続ける」「管理されないまま動き続ける」といった状態を示したりする。あるいは、「人に襲い掛かる」特徴から、人間や社会に対して不利益をもたらす事象に対して用いられる。

このように、一口にゾンビについての研究といってもさまざまなものがある。今回は、ゾンビの存在の在り方の違いによって三種類に分類したが、先行研究をまとめる際にはさまざまな分け方やまとめ方が考えられる。たとえば、仮説を証明するために数値データを用いて統計分析を重視する「量的研究」と、インタビューや観察調査によって得られる質的データやその分析を重視する「質的研究」という分け方がある。そのほかにも、理論研究と実証研究、文献研究と事例研究、分析を中心とした研究と政策提案や解決策の提示を目的とした研究、仮説を証明する研究と仮説を発見する研究といった具合に、データを得る手段やその分析方法、研究の目的などによって分けることができる。これらの研究の種別に優劣はない。それぞれに研究の目的を設定し、それを達成するために最適なアプローチや方法が選択される。

たとえば、「紙を切る」という目的があったとして、どのような方法を用いればいいか考えてみてほしい。ハサミを使うのがいいのか、カッターナイフのほうが最適か、あるいは素手でちぎるのか、はたまた、シュレッダーを使ったほうがいいのか、もしかしたらチェーンソーが必要か……。少し考えを進めると、その「紙」の材質が何なのか、厚さや大きさがどれくらいなのかという問題や、そもそも何のために紙を切るのか、が重要であることに気づく。切ったあとの数はどの程度必要なのか、ただ切断しさえすればよいのか、何かの形に切る必要があるのか、切る作業をするためのテーブルがある状況なのか、道具は使用可能なのか、さまざまな条件がはっきりしなければ、正しく選択できないことがわかる。

研究の手法選びはこれに似ている。研究対象はどういうものなのか、それを研究することで何を明らかにするつもりなのか、対象を研究する際に用いることができる現実的な方法は何か、こういったことを考えて総合的に判断する。既存の方法にピッタリくるものがなければ、似たような方法をアレンジして、自分で最適な方法を作り出すことになる。

コンテンツに描かれる「ゾンビ」それ自体を研究するのは、どちらかというと、文献研究であり、理論研究、そして、分析を中心にしたものであると考えることができる。一方で、それが実際に現れた場合にどのように被害が広まっていくのか、それに対応するためにはどうすればよいのか、といった研究は、シミュレーションを行う実証研究であり、また、その成果として政策提案的なことが言える研究になる。

繰り返しになるが、研究はその目的に合った方法を用いることが重要なのであって、どの手法を選ぶかということや、どの学問分野の理論を用いるかといったことと、研究の良し悪しは別問題である。ここまで紹介してきたさまざまな研究は、「ゾンビ」について真摯《しんし》に研究しているという点では、全て大切なゾンビ学の先行研究である。

さて、ここまで、さまざまな研究を見てきた。ゾンビについての研究がずいぶんたくさんあるものだと驚かれたのではないだろうか。実は、ここまでに紹介してきたものは、おおむね日本国内において、書籍として出版されたものの一部だ。つまり、国内のものでも書籍、論文ともにまだたくさんあるし、海外の文献にまで広げるとさらに多い。詳細が気になる方は、拙著『ゾンビ学』の第1章を読んでみてほしい。

7. ゾンビ研究の「位置づけ」とは?

これらの研究を見ていくと、それぞれにゾンビの存在のあり方が異なることがわかる。それを、ここでは「現実的ゾンビ」「虚構的ゾンビ」「概念的ゾンビ」と位置付ける。「現実的ゾンビ」は、その存在や現象が、我々の身体が存在する現実空間上に実際にある。ヴードゥーのゾンビ、寄生虫、キノコなど、実在するものを指している。「虚構的ゾンビ」は、その存在や現象が、現実には存在せず、架空の世界にある。映画や小説、アニメ、マンガ、ゲームなどで描かれる「ゾンビ」だ。人間の想像力が作り出したものとも言える。「概念的ゾンビ」は、実体も持たず、具体的な作品で描かれるものでもない。何かほかのものを表すために比喩的に用いられたり、思考の道具として用いられたりする概念である。

ただし、これらの三つのゾンビは明確に分断されているわけではない。第二章で詳しくみていくように、「虚構的ゾンビ」である映画のゾンビは「現実的ゾンビ」であるヴードゥー教のゾンビに影響を受けて出現したものである。また、「概念的ゾンビ」は、特定の作品のゾンビを指してはいないが、当然ながらこれまで連綿と描かれてきた「虚構的ゾンビ」の性質をヒントに作り出されている。

このように、先行研究を整理することによって、対象についての知識が得られる。また、それとともに、もう一つ重要な役割がある。それは、自分の研究の価値を説得的に語るのに役立つことだ。研究の価値を説明する際に行う一つの作業が「位置づけ」である。ここまで行ってきた先行研究の整理を元にして、自分の研究はそれらとどのような関係にあるのかを述べる。

今回は、先行研究群を三つに分類したが、先行研究の分類は、各研究によって異なってくる。ここで行ったのは、先行研究を整理するという一見没個性的な取り組みだが、実はここでかなりオリジナリティを発揮できる。同じ素材であっても、そのまとめ方は人それぞれなのである。

また、先行研究を数多く読み、それを整理することで、自分の研究の独創性を説明することもできる。初学者によくある勘違いは、「自分がやろうとしているテーマで先行研究が見つかったら、自分の研究にオリジナリティがない」というものだ。学生たちの中にも「先行研究がありました……」と残念そうに相談にくる人がいる。これは違う。確かに、自身が取り組もうとしていた研究と、対象や方法や時期などがまったく同じであった場合は、研究プランを練り直す必要はある。とはいえ、いくつ

かの文献で、対象に関するすべてのことが網羅されていることはほぼない。物事に対する見方は多角的だ。

たとえば、ゾンビが登場するコンテンツの内容を分析するなら文学的になるし、ゾンビ映画の興行収入の変化などは経済学的観点、ゾンビイベントに集客して利益を上げる方法を探るなら経営学的な観点、ゾンビコスプレをしている人たちの心に迫ろうとするなら心理学的、ゾンビ・コンテンツが社会にどのような影響を与えるのかということであれば社会学的観点だろう。このように、一つの対象について、視点やアプローチはたくさんある。それぞれの学問分野がどのようなアプローチをしているのかについては、『ドーナツを穴だけ残して食べる方法』[47]という書籍が参考になる。

むしろ、先行研究が見つかるのは喜ばしいことである。なぜかというと、これまでの研究でどこまでの成果が得られているのかがわかり、自分の研究成果が何をどこまで明らかにするものかをはっきりさせられるからだ。「すでにある研究はこういうもので、私の研

47 大阪大学ショセキカプロジェクト（二〇一九）『ドーナツを穴だけ残して食べる方法』日本経済新聞出版社

究はそれと比べてこのような特徴があるんですよ」とオリジナリティを述べるのである。

さらに言うと、「先行研究がない」テーマというのは、「ほぼない」と思っていただいていい。直接的にその対象についての研究がなかったとしても、類似の対象についての研究や、より広い文脈での研究蓄積があることがほとんどである。たとえば、近年流行している「タピオカ」についての研究を調べてみたとして、もし、タピオカそのものを扱った研究が見つからなかったとしても、タピオカと同じように一時期流行した食べ物である「ナタデコ」についての研究はあるかもしれない。あるいは、「流行」という社会現象や、流行を取り入れる人の心理についての研究はあるかもしれない。このように、先行研究は自動的に見つかるものではなく、自分で探し出し、整理するものなのである。

それでは、今回のゾンビ学の場合はどうか。幸い、ゾンビに関する先行研究はさまざまなものがあった。ありすぎて驚いた。最初にゾンビの研究をやろうと思いついた時には、「実に独創的なアイデアだ」と心の中で自画自賛したものである。「きっと直接の先行研究もそんなにないだろう」とも思った。ところが、調べてみると、先に挙げたような多種多様なものが出てきたのだ。大量にあった場合は、今回のように、何らかの分類を行ってみると、そのテーマに対する自分自身の興味、関心のあり方も明確になるのでおすすめである。

8. さまざまなメディアのゾンビをどのように見ていくか

さて、本書ではさまざまなメディアに登場するゾンビについて研究していく。当然ながら、それぞれの作品は独立して存在し、シリーズ物もあるにはあるが、ほとんどが単発の作品である。多種多様なゾンビ・コンテンツをとりまとめる「枠組み」が必要になる。なかなか全ての作品に当てはまるものを策定するのは難しいが、ここでは「時間の推移」「空間とその移動」「キャラクターと社会の変化」という三つの視点を設定しておきたい。

「時間の推移」については、ひとまず「ゾンビ」が物語世界に登場するタイミングを起点とし、その前と後に分けられる。ここでは、ゾンビが登場したり、人に襲い掛かったり、何らかの騒動を巻き起こしている期間を「ゾンビ・ハザード」と名づける。その前段階は「日常」である。ゾンビ・ハザード中は、登場人物たちにとって非日常的な時間となる。ゾンビの登場によって社会が混乱している期間だ。ゾンビ・コンテンツの中で、ゾンビ化現象そのものが完全に解決する作品は少ない。多くの場合、ゾンビ現象自体は解決しないが、登場人物は当座の危機を脱したところで物語が終わる。ゾンビがいる状態が普通になる作品もある。そこで、ゾンビ・ハザード終了後は、「日常化」の段階としておこう。

コンテンツの中には、ゾンビ・ハザードの前半部分を描いているものもあれば、すでに大きく広がった段階を描いているものもある。そのため、ゾンビ化現象の発生や登場人物がゾンビと出会う段階を「ゾンビ・アウトブレイク」としておこう。「アウトブレイク」とは疫学用語だ。『感染症疫学ハンドブック』[48]によると、「ある期間のある場所において、通常想定されるよりも多くの患者発生があること」を指す。つまり、これまでその場所で発生が確認されていなかった疾患が認められれば、一件でも「アウトブレイク」となる。それゆえ、それまで存在しなかったゾンビが作品世界や主人公の周囲に発生する瞬間を指す言葉として適当であると言えよう。

「ゾンビ・アウトブレイク」の後は、作品によって異なるが、ゾンビの被害は次第に広がっていく。感染性の場合はゾンビの数は増えていく、増え方は何によって感染するかやゾンビの移動速度などによる。感染性がない場合は、ゾンビの数は等比級数的には増加していかないが、物語の中で何らかの被害は広がっていく。この時期を「ゾンビ・パンデミック」としよう。パンデミックとは、やはり疫学用語であり、「アウトブレイクが国を超えて世界の複数の地域で発生している状態」[48]である。ゾンビ・ハザードが広がっていく規模は問わない。国境を越えて広がる本来の意味でのパンデミック状況もあれば、当該地域のみの場合も含める。最も狭い範囲として、一人の人間がゾンビになっていく過程を描くものや感染性のないゾンビの場合が考えられる。この場合は、ゾンビがゾンビ的な性質を伴って活動している期間をゾンビ・ハザードに含めることとする。

これらをまとめると、図のようになる。作品世界の中の時間は左から右に流れていく。作品によって、時間軸上の、どの

48　吉田眞紀子・堀成美（編）、谷口清州（監）（二〇一五）『感染症疫学ハンドブック』医学書院

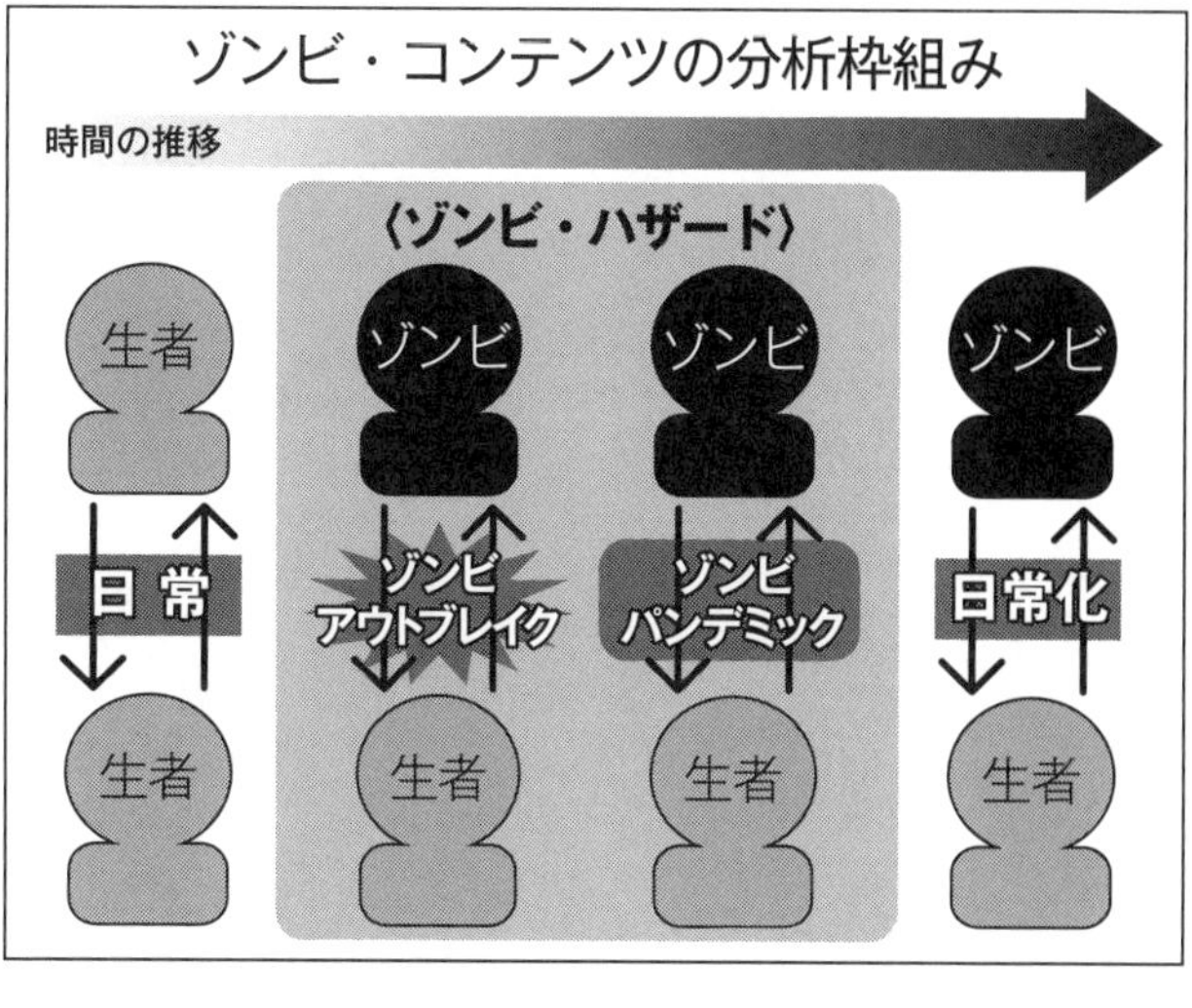

部分を描くかは異なっているが､多くの作品がこの時間軸のどこかを描いている。そして、それぞれの段階で、ある特定の空間における、人と人、人とゾンビ、場合によってはゾンビとゾンビの関係性が描かれ、社会のあり方が描かれる。人とゾンビの移動は、これも作品によってスケールがかなり違うため、一概には言えない。一軒家の中でも部屋から部屋への移動があり、世界中を移動するものもある。このように、ゾンビ・ハザード期間を中心に、その前後に分けた時間軸を想定することで、異なる作品の間でも比較、検討が可能になる。

9．論文の構造

この章の最後に、論文の構造について簡単にまとめておこう。レポートや論文、学術書はある一定の形式をもった文章である。論文に必要な六つのパートは､「目的」「背景」「方法」「結果」「考察」「まとめ」である。これは文章の設計図のようなものだ。

本書も同様で、筆者は一ページ目から文章を書きおろしていったわけではない。情報をどういう順番で、どのように提示していくのか、全体の構造を考えつつ、書きやすいところから書き進めていく。途中で構造を見直して、全体を変化させることもある。論文の構造への理解は、論文やレポートを書く際に役立つだけでなく、本や論文を読む時にも非常に役立つので、是非理解していただきたい。

「目的」とは、この研究で何を明らかにするのかを示すパートである。本書の目的は、ゾンビ・コンテンツの歴史を整理し（第二章）、そのグローバルおよびマルチメディア的広がりと（第三章）、日本における独自のあり方を確認することを通して（第四章）、ゾンビ・コンテンツの特徴を明らかにすることである（第五章）。このように「本研究の目的は〜〜を明らかにすることである」と書いてみよう。

続く「背景」は、なぜ右のような研究目的を設定したのか、その理由を述べるパートだ。「理由」と書いたが、ここには個人的な理由は書かない。たとえば「私はゾンビが好きだからだ」とか「研究成果を多くの人に知ってもらいたいから」とか、「印税がほしいからである」といった理由は、たとえ本音がそうであったとしても、書かない。これは分野によって違うことがあるので一概には言えないが、私は大きく二つの背景を考えてみることを推奨している。一つは社会的背景、もう一つは研究的背景である。

「社会的背景」とは、研究テーマや対象に関連する社会の状況や歴史的推移、業界の規模などについてまとめるものだ。本書の場合は、「はじめに」でこれに近いことをやっている。ゾンビがさまざまなメディアで見られるようになっている現状や、多くの人の目に触れるようになっていることを書いた。このパートを整備するためには、その過程で研究対象についてさまざまな知識や多角的な見方が得られるのでおすすめだ。

一方の「研究的背景」とはなんだろう。実はこれが非常に重要である。研究的背景とは、これまでなされてきた研究成果の整理を行って、自分の研究をそこに位置づけるパートだ。本書では、先ほどかなりのページ数を割いたセクションである。詳細はすでに書いた通りだが、これは新製品や新規イベントの企画書を書いたりする時にも同様に必要なパートではないだろうか。

これまでに発売された製品や実施されたイベントについて調べ、それらの成功要因や課題を見つけ出す。成功の部分は参考にし、かつ課題を克服する仕掛けを考え、自分の企画やイベントの効果や優位性を説得的に語る。この部分が怪しいと、「同じものがすでにあるよ」「他社がやった企画に似てるけど、君の企画の方が質が低いな」という話になってしまう。後出しじゃんけんで負けていては情けない。場合によっては「パクリだ」と炎上したり、特許の侵害になったりして、結果的に大きな損害を被ってしまう可能性もある。

「方法」とは、研究目的を達成するために用いる手法のことである。レポートや論文、学術書に求められる大切な要件の一つに「客観的であること」と「再現性があること」がある。他者が同様の手法をとって研究結果を検証することができるようにする、のが大切なのだ。データをどのようにして得たのか、作品のどの部分をどのように考えて結論に至ったのか、こうしたプロセスを明示することが論文やレポートには必要なのだ。

「結果」は、「方法」を用いて得られたデータを示すセクションである。この結果について、それをどのように考えたかを書くのが「考察」だ。結果と考察は違いが理解しにくいという声が多いので、少し解説しよう。たとえば、アンケート調査で考えてみたい。「あなたはゾンビ映画が好きですか」という問いに対して一〇〇〇人の回答があったとしよう。「はい」と答えた人が四十五%、「いいえ」と答えた人が五十五%だった。これは「結果」である。誰が書いても変わらない。この結果に対して、「ゾンビ映画が好きだという人が四十五%もいた。これはサメ映画が好きだという人が三十%なのと比べて多いと言える」というのは考察である。あるいは、「ゾンビ映画が好きだという人は四十五%しかいなかった。二十年前の先行研究では六十%であったため、ゾンビ映画の人気は低下したと考えられる」。これも考察だ。四十五％という「結果」について、それが多いか少ないか、何を意味するのかといった、一歩踏み込んだ考えを書くのが考察だ。

「まとめ」には、「目的」から「考察」までの一連の流れを簡単にまとめた上で、自分の研究で成し遂げたことを明示し、できなかったこと（今後の課題）を書く。調査を進めたり、文章を書いたりして迷うことがあれば、この、「目的」「背景」「方法」「結果」「考察」「まとめ」に立ち返り、場合によっては「目的」の方を変化させることもある。最終的に、これらの各部分がそれぞれ有機的につながっていれば問題ない。

さて、それでは次章から、ゾンビの歴史を整理しながら、本格的にゾンビ学の世界に踏み込んでいこう。

第二章　映画で見るゾンビの歴史

1．ゾンビ映画の数の推移　―こんなにあるゾンビ映画

ゾンビの歴史を見ていく際に、基準となるメディアは映画だ。「はじめに」でも確認した通り、ゾンビはさまざまなメディア上で活躍しており、当然その範囲は映画だけにはとどまらない。ただ、ゾンビが現在さまざまなコンテンツで描かれている性質を獲得してきた主な舞台は映画である。それゆえ、本章では映画をメインに確認しながら、ほかのメディアについても適宜参照する形で、ゾンビの歴史をみていきたい。

さて、まずはゾンビ映画の数の推移はどのようになっているのだろうか。数値で表せる「量」や、その時間的な変化は、対象の動向を把握する上で重要な情報になる。問題は「ゾンビ映画の数をどうやって数えるか」だ。ゾンビ映画の全数を数えるのは至難の業である。商品化されている作品については把握することが可能だが、映画祭などでしか上映されないものや、パッケージ化されない自主映画などは把握が困難だ。また、パッケージ化されていても、古い作品の場合は、入手や視聴が難しいものも多い。しかも、この状況がさまざまな国で展開されているのだ。ゾンビ映画の数を調べるだけでも何年もかかってしまい

そうである。もしかしたら、自分が生きているうちに終わらないかもしれない。

そんなときに重宝するのは、そのジャンルを長年追いかけてきた研究家の成果だ。第一章でも紹介したが、ゾンビ映画の場合、伊東美和による『ゾンビ映画大事典』と『ゾンビ映画大マガジン』という書籍がある。『ゾンビ映画大事典』には、一九三二年から二〇〇二年まで、合計三四五作品が掲載されており、『ゾンビ映画大マガジン』では、二〇〇二年から二〇一〇年までのゾンビ映画、合計約三〇〇作品が掲載されている。[1]

この2冊のレビュー数は膨大であり、信頼に足ると思われる。しかし、できれば、似たことをやっている別の人の成果も同時に参照できると、より確度が増す。このような理由で、国外を含めて文献を探してみたところ、アメリカの出版社からPeter Dendleによる『THE ZOMBIE MOVIE ENCYCLOPEDIA』（二〇〇一、以下『ZME1』）および『ZOMBIE

1　一つのテーマを追いかけてきた執筆者による成果は研究を始める上でとても参考になる。たとえば、織田信長をモチーフにしたキャラクターが登場するコンテンツを収集した姫川榴弾による『信長名鑑』（太田出版）、クトゥルー神話関連作品を収集した森瀬繚の『All Over クトゥルー』（三才ブックス）、日本を舞台に語られた怪異を収集した朝里樹の『日本現代怪異事典』（笠間書院）などが挙げられる。

MOVIE ENCYCLOPEDIA Volume2: 2000-2010』（二〇一二、以下『ZME2』）が見つかった。『ZME1』には、一九三二年から一九九八年まで一九三作品が紹介され、『ZME2』には、二〇〇〇年から二〇一〇年までのゾンビ映画二六二本が掲載されていた。

　両者は、ほぼ同じ年代のゾンビ映画をレビューした成果だが、掲載本数にかなり差がある。とはいえ、一人の著者の書籍だけを参考にするよりも、異なる著者によって執筆された二種類の本を参照したほうが、より正確にゾンビ映画本数の増減の特徴を把握できると考え、これらを対象にした。掲載されているゾンビ映画の数を一年ごとに数え、それを十年ごとに合計し、グラフ化したのが下図である。図を見ると、増減の傾向に関しては、日本語文献と英語文献で同様であることがわかる。すなわち、一九三〇年代から五〇年代ま

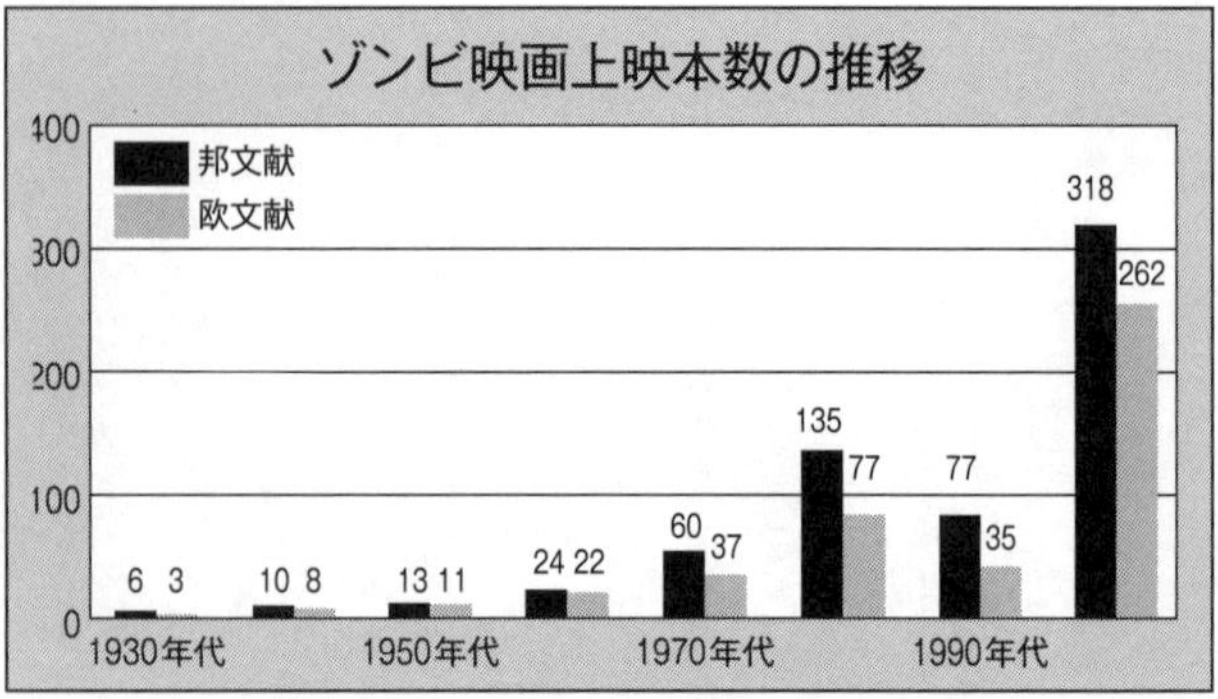

で微増していき、六〇年代から八〇年代にかけて増加、その後、九〇年代に数を減らし、二〇〇〇年代に急増するという流れだ。いずれの文献でも、二〇〇〇年代の増加は大きい。これでゾンビ映画の「量」の増減がわかった。

ただ、量の推移がわかっても、なぜそのような動きになっているのか、作品の内容にはどのような変化があるのか、などについては、このグラフだけを見てもわからない。個別のゾンビ映画や、その周辺文化について「質」的に見ていく必要がある。それでは次に、各年代でどのような内容のゾンビ映画が作られてきたのかを詳しく見てみよう。[2]

2. ヴードゥー・ゾンビ　―異文化としてのゾンビ

映画にゾンビが登場したのは一九三二年の『ホワイト・ゾンビ（恐怖城）』が最初であ

2　ゾンビ映画の歴史については、『ゾンビ映画大事典』『ゾンビ映画大マガジン』『ゾンビ映画年代記 -ZOMBIES ON FILM-』などの記述をベースに整理した。より詳細な歴史を知りたい読者は『ゾンビ学』（人文書院）を参照のこと。

ると言われている。本作に登場するゾンビは人を食べない。そして、ゾンビの性質は感染していかない。今のゾンビとはずいぶん違った特徴を持っているのだ。それは、本作に登場するゾンビが、現実世界のハイチにおけるヴードゥー教のゾンビをモデルにしているからである。ヴードゥー・ゾンビは、呪術師によって意のままに使役される存在だ。ウィリアム・シーブルックが一九二九年に記した『魔法の島』という著作で紹介され、これにヒントを得て、映画にゾンビが登場するようになる。

最初のゾンビ映画だと言われる『恐怖城　ホワイトゾンビ』（有限会社フォワード提供）

ここで、ゾンビが映画に登場した時期の「映画」というメディアの状況を確認しておこう。一九三〇年代はそれまでの無声映画（サイレント）から音声付きのトーキー映画への転換時期だった。この時期には、怪奇小説が原作の映画が続々と作られた。『魔人ドラキュラ』『フランケンシュタイン』『ジキル博士とハイド氏』（いずれも一九三一年）などだ。一九三三年には『キングコング』も上映された。これらは、現在のコンテンツ作品にも登場するモンスターのビジュアルイメージの原型を形作るのに重要な役割を果たした。

そのような時期に、『ホワイト・ゾンビ』はユニバーサル社の『魔人ドラキュラ』や『フランケンシュタイン』などの作品で用いたセットを流用して十一日間で撮影し、予算は七万五〇〇〇ドルであった。これは、『魔人ドラキュラ』が約三四万ドル、『フランケンシュタイン』で約二九万ドルだったことを考えると、かなりの低予算である。結果としては、『ホワイト・ゾンビ（恐怖城）』の興行収入は一七〇万ドルで、一二〇万ドルの『魔人ドラキュラ』、一四〇万ドルの『フランケンシュタイン』を上回るヒットとなった。ゾンビ映画は、その始原的作品から低予算映画だったことがわかる。

これ以降、映画で描かれるゾンビと言えば、ヴードゥー・ゾンビが普通だった。とはいえ、現在の状況からすると、こうした性質のゾンビが登場する映画が、どのような内容なのか想像がつきにくいだろう。たとえば、ヴードゥー・ゾンビが登場する一九四三年の『私はゾンビと歩いた！』の内容は次のようなものだ。

物語は、カナダ人の女性看護師であるベッツィー・カーネルが西インド諸島にある島に向かうところから始まる。彼女は、大農園の主の家庭に派遣されるが、農園主の妻は自分の意志で歩いたり話したりすることができない状態だった。妻は、精神性の麻痺《まひ》状態と診断されていたが、実はすでにヴードゥーの呪術によってゾンビにされていたのである……。

ゾンビが人間に害をなすモンスターとして登場するというよりは、「ゾンビ化」そのものが誰の手によって主導されたのか、農場主の家族同士がなんともぎくしゃくしているのはなぜなのか、といった謎が解かれていくミステリーやサスペンス的な内容である。

本作は、三週間半で撮影され、予算は一三万四〇〇〇ドルであったが、興行収入は一年で四〇〇万ドルにのぼったという。内容的にも評価が高く、伊東美和は『ゾンビ映画大事典』の中で、本作を「悲劇的ロマンスを絡めた文藝《ぶんげい》ゾンビ映画」と述べ、ゾンビ映画史における「最初の頂点」と評している。

ただ、この時点から、少しずつゾンビ化の原因に変化が見られることには注目しておく必要がある。たとえば、『月光石』（一九三三）では、エジプト文明の呪いが原因だ。ほかにも、ゾンビが労働のためだけでなく軍事利用目的というものも登場した。

3. モンスターと宇宙　―ゾンビと科学の出会い

一九五〇年代にはSF映画が人気を博す。モンスター映画としては、『原子怪獣現わる』（一九五三）、『放射能X』、『ゴジラ』（いずれも一九五四）、『水爆と深海の怪物』（一九五五）

が挙げられる。日本映画の『ゴジラ』は、その後国内でシリーズ化される大人気作品となり、アメリカでもリメイク版が作られた。リメイク版もシリーズ化されている。

余談になるが、『ゴジラ』にも影響を与えたと言われている『原子怪獣現わる』の特撮部分はレイ・ハリーハウゼンが担当した。レイ・ハリーハウゼンは、事前に撮影しておいた俳優の演技等の映像の前で、人形を少しずつ動かしながら一コマずつ撮影していく手法「ダイナメーション」を用いて、巨大タコやUFO、一つ目巨人サイクロプス、ドラゴン、骸骨剣士といった空想上の存在をスクリーンに登場させた。彼の仕事はのちのクリエイターに多大な影響を与えている。たとえば、ギレルモ・デル・トロ監督の『パシフィック・リム』（二〇一三）のエンドロールには「この映画をモンスター・マスター、レイ・ハリーハウゼンと本多猪四郎に捧ぐ」と記されている。本多猪四郎とは『ゴジラ』の監督だ。そして、レイ・ハリーハウゼン自身は、一九三三年の『キングコング』に大きな影響を受けたという。クリエイターや作品はそれぞれが完全に独立して存在するのではなく、国をまたいで互いに影響を与え合いながら現在まで発展してきていることがよくわかる。

さて、SFとゾンビのかかわりはどうだろうか。『水爆と深海の怪物』の抱き合わせ作品として『Creature with the Atom Brain』（一九五五）が制作された。監督は、エドワード・L・カーンである。本作では、ギャングが科学者に依頼して、「放射能」を使って死者を蘇生させ、ゾンビの脳に電極を埋め込んで操作する。先ほど挙げたSF作品のタイトルを見ればわかるように「原子力」や「放射能」は自然に働きかけて、性質を変異させる原因として描かれている。そのような時代には、ゾンビ化は呪術や薬品ではなく「放射能」によってなされ、科学的な仕掛けによって操られる。また、物語の舞台も、孤島や秘境的な場所だけでなく、都市部も含まれ始めた。ゾンビは、遠い異文化の社会の存在から、視聴者の普段の生活場所に近づいてきたのである。

当時のSFには宇宙を描いた作品も多い。ロバート・A・ハインラインの小説『宇宙船ガリレオ号』を原作とした映画『月世界征服』（一九五〇）は、一九五一年にアカデミー視覚効果賞を受賞した。ほかにも、ロバート・ワイズ監督の『地球の静止する日』（一九五一）、バイロン・ハスキン監督の『宇宙戦争』（一九五三）では、地球外から来た宇宙人が描かれた。この二作品は二〇〇〇年代に入ってからもリメイク作品が作られている。

宇宙人とゾンビを関連付けた作品はどうだろう。一九五〇年代のものでは『プラン9・フロム・アウタースペース』（一九五九）がある。本作はマニアの間で「史上最低映画」として有名なのだが、宇宙人が墓地に埋葬された人間の死体をゾンビにして操る設定はおさえておきたい。ほかにも、エドワード・L・カーン監督の『Invisible Invaders』（一九五九）がある。エドワード・L・カーンは先ほども登場した監督だが、次に紹介するジョージ・A・ロメロに先んじて、さまざまな設定のゾンビを映画に登場させてきた。

また、吸血鬼ものの代表作『吸血鬼ドラキュラ』（一九五八）も一九五〇年代に公開された。本作は、クリストファー・リー演じるドラキュラ伯爵と、ピーター・カッシング演じるヴァンパイアハンターのヴァン・ヘルシングの対決を描いた。このドラキュラ伯爵とヴァン・ヘルシングは、現在に至るまで、さまざまなコンテンツに登場している。[3]

4．人食いゾンビの発明 ―ジョージ・A・ロメロの『ナイト・オブ・ザ・リビングデッド』

一九六〇年代の代表作はジョージ・A・ロメロ監督の『ナイト・オブ・ザ・リビングデッ

3　たとえば、伊藤計劃・円城塔の『屍者の帝国』（二〇一二）や、スマートフォンゲーム『モンスターストライク』などに登場する。

ド』（一九六八）である。本作には、現在のゾンビの原型といえる存在が登場した。誰に操られるわけでもなく動き回り、生きている者を見つけては襲い掛かって嚙《か》みつくリビングデッド（生ける屍《しかばね》）である。死者でありながら、ふらふらと歩きまわる。その動機は、生者に襲い掛かること。外見は人間だが発話はできず、コミュニケーションは取れない。ゾンビに襲われて死んでしまった者もまたゾンビとなり、他者に襲い掛かる。ただ、その存在は『ナイト・オブ・ザ・リビングデッド』の中では、「ゾンビ」ではなく「グール」[4]と呼ばれていた。

一一万四〇〇〇ドルをかけて製作された『ナイト・オブ・ザ・リビングデッド』の内容を簡単に紹介しよう。物語は、バーバラ（妹）とジョニー（兄）が自家用車で墓参りに向かうシーンで幕を開ける。不満たらたらでどこかふざけた様子のジョニーとともに、墓に花を供えるバーバラ。そこに、グールがふらふらと近づいてきてバーバラに襲い掛かる。バーバラを守るために戦うジョニーだったが、もみあいになり墓石に頭をぶつけて気絶してしまう。バーバラは逃げ出し、近くにあった一軒家に閉じこもる。そ

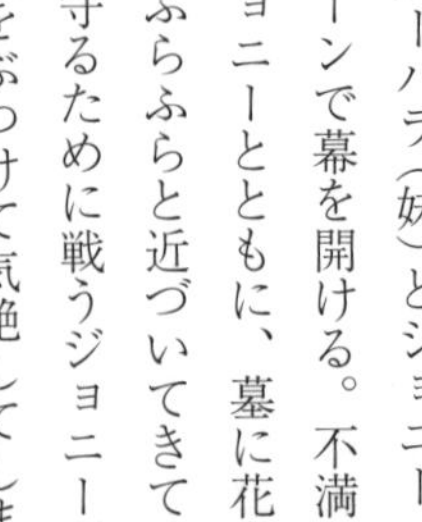

映画『ナイト・オブ・ザ・リビングデッド』Blu-ray（3800円税抜）発売元：株式会社ハピネット

の後、同様に避難してきたベン、地下室に隠れていたハリーとヘレン夫妻、その娘のカレン、そして、トムとジュディというカップルと共に危機を乗り越えようとする。

公開当時、アメリカでは黒人への公民権の適用と人種差別の解消を求める公民権運動が起こっていた。『ナイト・オブ・ザ・リビングデッド』に登場するベンは黒人青年であり、人種的なメッセージを読み取った観客や評論家もいたが、ロメロ自身は意図的にメッセージを込めたつもりはなかったとコメントしている。本作は、それ以外にも、監督の意図しない部分を視聴者側が意味づけした側面があり、興味深い。のちに「ゾンビ映画の父」「ゾンビ映画の神」と称されるロメロ監督だが、『ナイト・オブ・ザ・リビングデッド』では、ゾンビを描いたつもりではなかったという。しかし、数多くの論者が指摘するように『ナイト・オブ・ザ・リビングデッド』は、間違いなくゾンビ映画史の中で転換点となる作品であり、ヴードゥー・ゾンビとは異なる設定のゾンビがここに誕生（死んでいるが）した。

ロメロ監督は、まったくのゼロからこのようなモンスターを生み出したわけではない。


4「食人鬼」の意。

ロメロ自身が影響を受けたと語っている作品の一つに『地球最後の男』（一九五四）がある。本作は、リチャード・マシスンによる小説作品である。三度映画化されており、一九六四年に、ウバルド・ラゴーナおよびシドニー・サルコウが監督を務め、ヴィンセント・プライスを主演に映画化された。二度目は一九七一年で『地球最後の男オメガマン』（監督：ボリス・セイガル、主演：チャールトン・ヘストン）。三度目は二〇〇七年にウィル・スミス主演で『アイ・アム・レジェンド』（監督：フランシス・ローレンス）として映画化された。読者の中には、本作をご覧になった方もおられるだろう。

『地球最後の男』は吸血鬼ものである。[5] 人間を死に至らしめた後、吸血鬼にしてしまうウイルスによって、世界中の人々が吸血鬼になってしまった世界が舞台だ。人間として生き残った男は、吸血鬼が活動できない昼間に吸血鬼を狩り、夜は一軒家に閉じこもってやり過ごす生活を送っている。原作を踏襲したモノクロ映画の第一作目を見てみると、一軒家に群がる吸血鬼との攻防の場面など、『ナイト・オブ・ザ・リビングデッド』との共通点があり、影響を与えていることがよくわかる。『地球最後の男』は、映像化されるたびに展開や設定が変わっているので、三作品を比較するのも面白い。

このように、ゾンビの存在や、その特徴の全てがジョージ・A・ロメロの独創というわけではない。そこには、連綿と続くさまざまな作品やクリエイターからの影響があった。また、観客や批評家などによる評価もかかわっていた。ゾンビはさまざまな人々によって集合的にその姿が形づくられた存在であると言えよう。とはいえ、その要素を一つの作品内で実現し、のちの作品に多大な影響を与えたという意味で、『ナイト・オブ・ザ・リビングデッド』がゾンビ映画史における重要な作品の一つであることに変わりはない。

これは、ゾンビ映画に限った話ではなく、社会におけるさまざまなコンテンツや文化、技術、行動などの中に、まったくのゼロから突然出てくるものはまれなのだ。どんなに奇抜に見えるものでも、それまでに積み上げられてきた要素の組み合わせや、それらに変化を加えたり、応用したりしたものであることが多い。それらの結節点となる作品や製品、取り組みが後世まで語り継がれていくのである。

5 ちなみに、『ドラえもん』等の作者として有名な藤子・F・不二雄も『地球最後の男』に影響を受けた『流血鬼』という作品を描いている。設定を借りつつも、オリジナルな展開や解釈がなされており、作家が他者の作品をどのように解釈し、自分の作品にしていくのかがよくわかる。

5. ゾンビの夜明け　―リビングデッドはショッピングモールの夢を見るか

ゾンビ映画本数の推移グラフ（P58）を見直してもらいたい。一九七〇年代と一九八〇年代は、ゾンビ映画が増加している。まず七〇年代は、ご想像の通り、『ナイト・オブ・ザ・リビングデッド』に影響を受けたと思われるさまざまなゾンビ映画が登場した。アマンド・デ・オッソリオ監督の『エル・ゾンビ／落ち武者のえじき』（一九七一）やベンジャミン・クラーク監督の『死体と遊ぶな子供たち』（一九七二）、ホルヘ・グロウ監督の『悪魔の墓場』（一九七四）などがある。ちなみに『悪魔の墓場』では、ゾンビ出現の原因は放射線を用いた害虫駆除装置であり、やはり科学的な装いのある理屈を採用している。

そして、八〇年代の増加の原因となり、その後、ゾンビ映画はもちろん、それ以外のさまざまなコンテンツに多大な影響を及ぼした映画が公開される。ジョージ・A・ロメロ監督の『ゾンビ（原題:Dawn of the Dead）』（一九七八）である。前節で同監督の『ナイト・オブ・ザ・リビングデッド』について説明したが、実は日本では未公開であったため、当時はかなり映画に詳しい人にしか存在を知られていなかったようだ。

『ゾンビ』は、ゾンビ・アウトブレイクが起こってしばらくたった世界が舞台だ。冒頭は、テレビ局のシーンから始まる。死者が甦って人々を襲うという未曽有の事態に情報が錯綜《さくそう》し、混乱を極めている様子が映し出され、スティーブンとフランはヘリコプターで脱出する。一方、ＳＷＡＴの隊員たちは突入したアパート内で大量のゾンビに襲われる。この部隊に所属していたロジャー（スティーブンの友人）は、現場で出会ったＳＷＡＴ隊員のピーターと共に、スティーブンらと合流し、四人はヘリで郊外のショッピングモールに向かう。ショッピングモールにはゾンビが集まっていたが、各所のドアを閉鎖して安全地帯を作り籠城《ろうじょう》を始める。豊かな物財に囲まれて暮らす主人公たちだったが……。

映画『ゾンビ』ディレクターズカット版＜ＨＤリマスター版＞Blu-ray（４７００円税抜）発売元：『ゾンビ』ＢＤ発売委員会　販売元：株式会社ハピネット©1978 THE MKR GROUP INC. ALL RIGHTS RESERVED.

本作の製作費は六五万ドルで、全世界で五五〇〇万ドルの興行収入を記録した。製作費用や脚本執筆環境の整備にあたっては、イタリアの映画監督ダリオ・アルジェント（代表作に『サスペリア』『フェノミナ』『ダリオ・アルジェントのドラキュラ』など）から支援を受けたという。物語としても、ショッピングモールを舞台とすることによって、消費社会への批判的なまなざしを読み取ることができるものになっている。単なるモンスター・パニックものではなく、ゾンビが現れた世の中を描きながら現実社会についての思考が可能な作品であり、その点もその後の多くのクリエイターに影響を与えた。

『ゾンビ』は、二〇二〇年現在でも根強い愛好者がいる。実は、日本公開四十周年にあたる二〇一九年末から、全国の劇場で『ゾンビ』が上映されたのである。この『ゾンビ』は、『日本初公開復元版』と銘打たれている。『ゾンビ』には、さまざまなバージョンが存在する。DVDで筆者が手元に所有しているものだけでも『ダリオ・アルジェント監修版』(一一九分)、『米国劇場公開版』(一二七分)、『ディレクターズ・カット版』(一三九分)がある。このバージョン違いの中に、『日本初公開版』(一一五分)がある。

これは、一九七九年三月十日に日本ヘラルド映画の配給で公開されたもので、『ダリオ・アルジェント監修版』をベースに、ゾンビ発生の理由が惑星の爆発によって生じた光線によるものだという映像と説明テロップが追加されたり、残酷描写を静止画やモノクロ処理したものであった。このバージョンはソフト化されておらず、鑑賞が困難だった。このバージョンの復元と劇場公開のためにクラウドファンディングで資金を募ったところ、開始から二週間で目標金額の五〇〇〇万円に達し、二〇一九年末より各地で公開された。このことからも、『ゾンビ』は日本でも多くの人々に長く愛されている作品だということがわかる。

その後、ロメロ監督作品に影響を受けた映画が次々に作られ、公開されていく。代表的なものとしては、一九七九年の『サンゲリア』（監督：ルチオ・フルチ、原題：ZOMBIE/ZOMBI2）や一九八五年の『バタリアン』（監督：ダン・オバノン、原題：The Return of the Living Dead）などがある。『サンゲリア』は、何といってもゾンビの気持ち悪さが際立つ。また、筆者のおすすめシーンは、ゾンビvsサメの一騎打ちだ。『バタリアン』は、原題や冒頭のシーン（作中のテレビに『ナイト・オブ・ザ・リビングデッド』が流れている）からわかるように、ロメロ作品を意識している。コメディタッチで、ロメロ作品で描かれたゾンビの性質をことごとく裏切っていく。本作に登場するゾンビは人間の脳を食おうと「ブレイン！」と叫びながら襲ってく

映画『バタリアン』
DVD発売中 20世紀フォックス ホームエンターテイメント ジャパン ©2018 Twentieth Century Fox Home Entertainment LLC. All Rights Reserved.

映画『サンゲリア』
本作には、腐乱度の高いゾンビが登場する

る。頭部を破壊すべくツルハシを突き立てても元気に動き続け、登場人物を慌てさせる。頭も良く、車載無線を使って人間をさらに呼び寄せる者までいる。のちに主流となる走るゾンビも登場するが、あくまでこの時期はギャグとしてであり、この表現がほかのゾンビ映画に広く採用されることはなかった。

ちなみに、一九八五年には、ジョージ・A・ロメロの『死霊のえじき』(原題:Day of the Dead)も公開されている。本作は、ゾンビ・パンデミックが起こってからかなり時間が経過した世界を描いた。生き残った人間は地下の基地で暮らし、地上に出ては物資や生き残った人々の捜索を行っている。この基地には、主に軍人と科学者がいる。科学者は、ゾンビ・ハザードの原因究明や対策、ゾンビの生態を研究している。本作には「バブ」と名付けられたゾンビが登場する。科学者の一人ローガン博士が報酬(人肉)を与えることで、飼いならそうとしているゾンビだ。バブは、むやみに人間を襲おうとせず、カミソリを手にひげをそるそぶりを見せたり、ヘッドホンで音楽を聴くと反応したりといった人間らしい行動ができるようになる。

興行収入的には、『バタリアン』が『死霊のえじき』の三倍であったという。この時代になると、シリアスなゾンビものよりも、コメディタッチのものが観客に受けたということだろう。一九八〇年代には『死霊のはらわた』（一九八一）、『レイダース／失われたゾンビ』（一九八六）、『死霊ゾンビ伝説ヘルデモンズ』（一九八九）なども登場した。特に『死霊のはらわた』は、人気を博し、『死霊のはらわた2』『キャプテン・スーパーマーケット／死霊のはらわた3』といった続編が作られ、二〇一〇年代に入ってからもリメイク版『死霊のはらわた』やテレビドラマシリーズ『死霊のはらわた リターンズ』が制作された。八〇年代にゾンビ映画の本数は増えたが、そのほとんどが、ハリウッドの大手スタジオによるものではなく、インディペンデント系の制作会社による、いわゆる「B級映画」であることに変わりはなかった。

6. 他メディアへの波及　―プロモーションビデオとデジタルゲーム

映画『ゾンビ』は、ほかのさまざまなメディアにも影響を与えていった。

一九八三年には、ミュージックビデオという形で、ゾンビが一躍脚光を浴びることになる。現在でもその存在がよく知られているマイケル・ジャクソンの楽曲『Thriller（スリラー)』のプロモーションビデオである。ゾンビが登場し、マイケルと共に集団でダンスをする様子が描かれた。

『Thriller』の楽曲自体が発売されたのは一九八二年で、同名アルバムの中の一曲で、当初、このアルバムからシングル・カットされてミュージックビデオが制作されていたのは『Billie Jean』と『Beat It』だった。アルバム『Thriller』の人気は一九八三年夏には陰りが見え始め、それに伴って、三曲目のミュージックビデオを出すことになる。監督は『狼男アメリカン』(一九八一)のジョン・ランディスで、ナレーションには、ヴィンセント・プライスがあたった。ヴィンセント・プライスは『地球最後の男』でロバート・モーガンを演じた俳優である。特殊メイクは、『狼男アメリカン』のリック・ベイカーが担当した。

ミュージックビデオの予算は五〇万ドルで、当時のミュージックビデオの予算にしても、ゾンビ映画の予算にしても高額だった。とはいえ、本作はヒットし、ヒットチャートのトップから落ちていたアルバム『Thriller』を再びトップに押し上げることになった。ミュージックビデオ『Thriller』そのものも、グラミー賞をはじめさまざまな賞を受賞し、アメリカ議会図書館のアメリカ国立フィルム登録簿に登録された。これは一九八八年に制定された国立フィルム保存法に基づいて、永久保存するためのフィルムが登録される制度だ。発表から十年以上たち、国民の文化・芸術の向上に寄与したフィルムを映画に限らず毎年二十五本ずつ選定しており、『ナイト・オブ・ザ・リビングデッド』も選ばれている。

一九九〇年代には、日本産のゾンビ映画も作られるようになってきた。一九九一年の『バトルガール』は、大映による邦画のオリジナルビデオ作品で、海外では『The Living Dead in Tokyo Bay』として発売されている。『ZME』では、日本のゾンビ映画として唯一取り上げられている。本作は、複数のメディアで展開されるメディアミックス作品だ。映画だけでなく、伊藤明弘のコミカライズ作品や、ゲーム『電脳少女リジェクション』がFM TOWNS[6]用に発売されるなどした。一九九七年には、大槻ケンヂの小説作品『ステーシー』が登場する。本作では、十五歳から十七歳の少女たちが突然原因不明の死をとげ、ステーシーとなって甦《よみがえ》り人々を襲う世界が描かれた。二〇〇一年に友松直之監督による実写映画版が公開され、二〇一二年にはアイドルグループ「モーニング娘。」が出演したミュージカル『ステーシーズ 少女再殺歌劇』が上演された。

6 FM TOWNSとは、富士通が一九八九年に発売した三二ビットパソコンである。

九〇年代は、ゾンビ映画の本数自体は少ないが、その後のゾンビ・コンテンツに大きなインパクトを与える出来事が起こった。大阪市中央区に本社を置くゲーム会社が作った『バイオハザード』が一九九六年に発売されたのだ。PlayStation 用ソフトである本作は日本のみならずアメリカやヨーロッパでも『Resident Evil』というタイトルで発売され、ヒットした。二〇一九年十二月三十一日現在で、二七五万本を売り上げており、CAPCOM の歴代ソフトのランキングで二十二位にランクインしている。CAPCOM がウェブサイトで公開しているミリオンセールスタイトルのランキングの第一位から第十位までを表にしてみた。これを見ると、十位までのうちの五作品がバイオハザードシリーズであることがわかる。特に二作目の『バイオハザード2』は発売から二十年以上たって、なお第七位を維持しており、驚異的な売り上げであったことがわかる。また、第六位は、その『バイオハザード2』をリメイクしたものであり、その点でも人気の高さが伺える。二〇二〇年四月三日には、『バイオハザード3』（第十五位、三五〇万本）のリメイク作品である『バイオハザード RE: 3』が発売された。二十四年に

世界で二七五万本を売り上げる大ヒットゲーム『バイオハザード』© CAPCOM CO.,LTD.ALL RIGHTS RESERVED.

わたってさまざまなタイトルを出し続けているヒットタイトルなのである。

この『バイオハザード』も、ジョージ・A・ロメロとは関連が深い。開発者も本ゲームを発想するプロセスの中に『ゾンビ』の存在を認めている。また、ゲーム版『バイオハザード2』のテレビCMはロメロが監督しており、実写映画『バイオハザード』の監督のオファーもあったという。

九〇年代は、映画の本数は少なく、ゾンビブームは下火になっていたが、ミュージックビデオやゲームといった別のメディアでインパクトの大きな作品が発表されていたことがわかる。また、日本産のゾンビ映画が見られ始めたことも特筆すべき点だ。

CAPCOMのミリオンセールスタイトル（第1位～第10位）

	タイトル	発売年月	本数
第1位	モンスターハンター：ワールド	2018年1月	1490万本
第2位	バイオハザード5	2009年3月	760万本
第3位	バイオハザード6	2012年10月	740万本
第4位	バイオハザード7	2017年1月	700万本
第5位	ストリートファイターII	1992年6月	630万本
第6位	バイオハザードRE:2	2019年1月	580万本
第7位	バイオハザード2	1998年1月	496万本
第8位	モンスターハンターポータブル3rd	2010年12月	490万本
第9位	モンスターハンタークロス	2015年11月	430万本
第10位	モンスターハンター4G	2014年10月	420万本

7. 二〇〇〇年代のゾンビ・バブル ――「ウイルス」&「ダッシュ」

二〇〇〇年代は、ゾンビ映画史の中で日本が注目されていた。『Zombie Movies：The Ultimate Guide』[7]という書籍には、「The New Millennium: Japan Takes Center Stage, and the Big-Budget Zombie Arises」（新たな千年期：日本が主役の座に、そして、大型予算のゾンビが登場）というタイトルの章がある。筆者の体感では、二〇〇〇年代に日本国内でゾンビ映画がもてはやされていた感覚はないが、海外からの評価は高く、『ゾンビ映画年代記』でも「〈日の出ずる国〉日本では、21世紀の夜明け（ドーン）と共にゾンビがメインストリームで跋扈《ばっこ》するようになった」と書かれている。それでは実態を見てみよう。

一九九〇年代に下火になっていたゾンビ映画の数は、二〇〇〇年代に爆発的に増加した。その原因は次のいくつかが考えられるが、まずは、量的変化を見てみよう。左ページの図は、二〇〇〇年代のゾンビ映画の数を一年ごとに出し、グラフ化したものである。これを見ると、二〇〇三年に二六本と急増していることがわかる。一年間に二六という数字は、ゾンビ映画史上最高の本数である。つまり、二〇〇〇年代の本数急増を引き起こした原因が二〇〇三年以前にあることがわかる。

この点から考えると、理由の一つ目は、実写映画『バイオハザード』（二〇〇二）のヒットに求めることができる。本作は、ゲーム『バイオハザード』の実写映画化作品で、ポール・W・S・アンダーソンが監督を務めた。ミラ・ジョヴォヴィッチ主演の本作は大ヒットし、シリーズ化した。二〇〇四年には続編の『バイオハザードⅡ アポカリプス』、二〇〇七年には『バイオハザードⅢ』が、二〇一〇年には『バイオハザードⅣ アフターライフ』、そして、二〇一二年には『バイ

7　Glenn Kay（二〇〇八）『Zombie Movies: The Ultimate Guide』Chicago Review Press

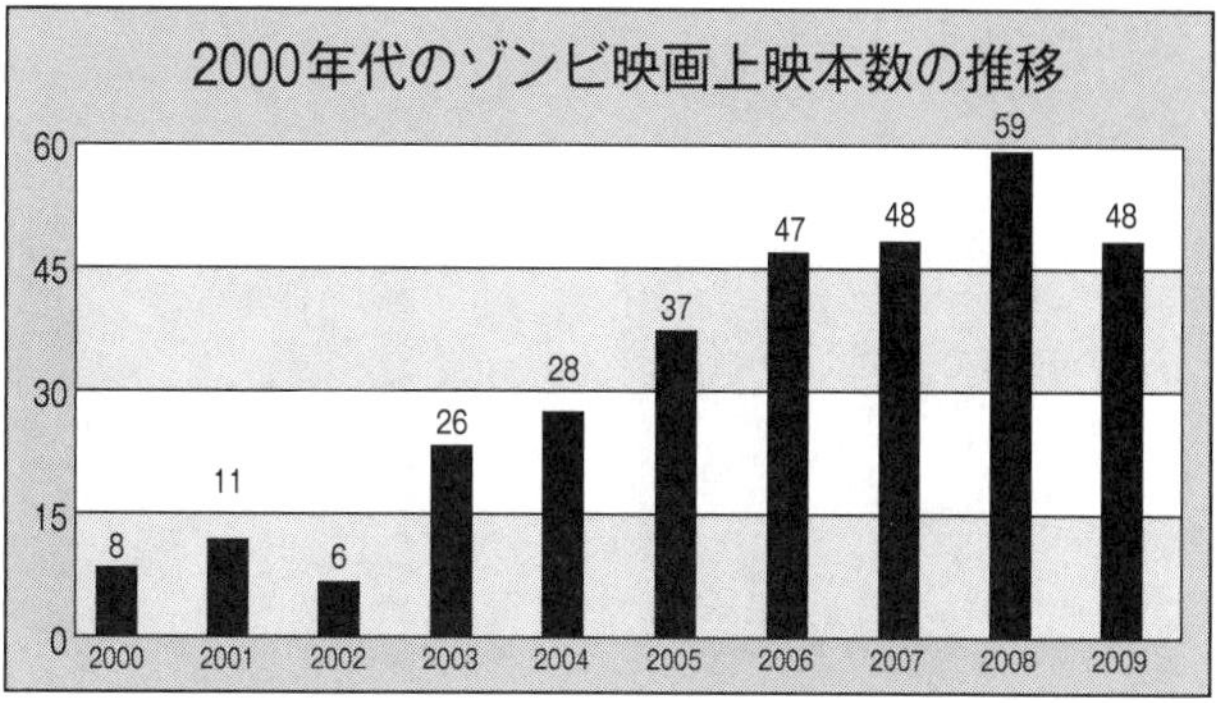

オハザードV リトリビューション』、二〇一六年には、六作目の『バイオハザード：ザ・ファイナル』が公開された。

こう考えると、ゾンビ映画はアメリカから、日本のゲームを経由し、その結果、世界中に拡散していったことになる。ゾンビは国境もメディアも飛び越えたのだ。

また、同じく二〇〇二年には、表現面で、これまでのゾンビ映画の常識を大きく変える作品が登場した。これが理由の二つ目である。ダニー・ボイル監督の『28日後…』がそうだ。ロンドンが舞台の本作では、「レイジ・ウイルス」という罹患《りかん》すると理性がなくなり、凶暴性に支配されるウイルスの猛威が描かれている。本作が衝撃的だったのは、ウイルスに侵された感染者が全力疾走で非感染者に襲い掛かってくることだった。続いて、二〇〇四年には、『ゾンビ』のリメイク作品『ドーン・オブ・ザ・デッド』（監督：ザック・スナイダー）が公開される。ゆっくり歩くゾンビの代名詞のような『ゾン

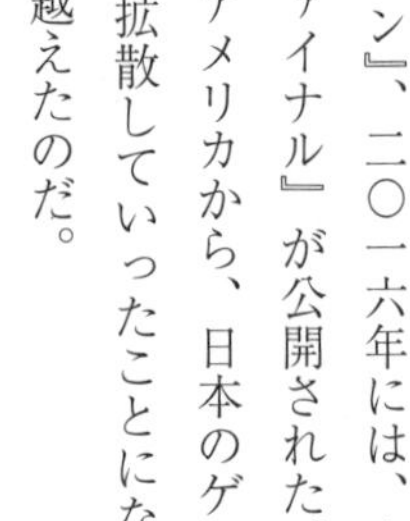

映画『バイオハザード』 Blu-ray（2381円税別）／DVD（1410円税別） 発売・販売元：ソニー・ピクチャーズ エンタテインメント

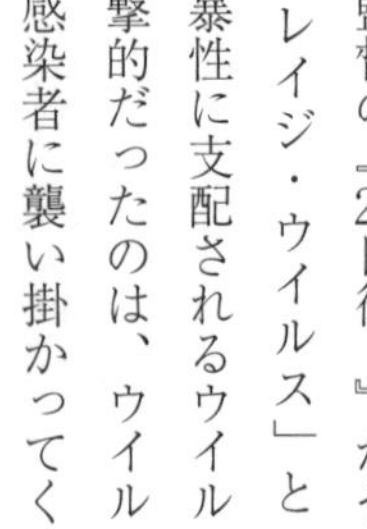

映画『28日後…』 ブルーレイ／DVD発売中 20世紀フォックス ホーム エンターテイメント ジャパン © 2018 Twentieth Century Fox Home Entertainment LLC. All Rights Reserved.

ビ』のリメイクであったにもかかわらず、本作のゾンビは猛ダッシュであった。

実に興味深いのが、「走るゾンビ」についても、『ナイト・オブ・ザ・リビングデッド』のときと似た状況が起こった点だ。『28日後…』の監督であるダニー・ボイルは、レイジ・ウイルスの感染者を「ゾンビ」だとは考えていなかったと発言しているのである。『ナイト・オブ・ザ・リビングデッド』のグールが、監督にそのつもりがなかったにもかかわらず、ゾンビイメージに回収されたのと同じことが起こっている。怒りに支配され、コミュニケーションが不可能な状態となり、やみくもに襲い掛かってくる者たちを、人々は「走るゾンビ」として受容したのである。

二〇〇七年には、スペインで『REC／レック』（監督：ジャウマ・バラゲロ）が公開された。本作にも走る感染者が登場したが、こちらは撮影方法も特徴的だった。『ブレア・ウィッチ・プロジェクト』（一九九九）や『クローバーフィールド／HAKAISHA』（二〇〇八）で用いられた主観撮影（ＰＯＶ）を用いたモキュメンタリータッチの作品だったのである。これには、現実世界でビデオカメラがデジタル化、小型化したことによる影響も見られる。『REC／レック』もヒットし、シリーズ化するとともに、ハリウッドでリメイクされた。「走るゾンビ」は、幅広い支持を集め、さまざまな国で大量のゾンビ映画を量産した。

一方で、遅いゾンビも引き続き描かれてきた。『ショーン・オブ・ザ・デッド』（二〇〇四）、『ゾンビーノ』（二〇〇六）、『ロンドンゾンビ紀行』（二〇一二）などは代表的だ。特にエドガー・ライト監督のイギリス映画『ショーン・オブ・ザ・デッド』は、主人公たちがショッピングモールではなくパブに立て籠《こ》もったり、銃社会ではないためクリケットのバットやレコードを投げつけて倒そうとしたりと、ロメロのゾンビ映画の設定とイギリス文化をうまく融合させたコメディとなっている。ロメロ自身は、走るゾンビには否定的で、この『ショーン・オブ・ザ・デッド』を高く評価した。そのため、ロメロは自身の作品『ランド・オブ・ザ・デッド』（二〇〇五）のエキストラに、監督のエドガー・ライトと共同脚本のサイモン・ペグを起用した。

『ランド・オブ・ザ・デッド』では、『死霊のえじき』よりも、さらにあとの時間で、人々はゾンビがいることを前提に都市を作って暮らす様子が描かれた。都市の中は階級に分けられており、高層ビルに住む人々と、平地に住む人々には階級差がある。本作にも『死霊のえじき』のバブ同様、意思を持ち始めるゾンビ「ビッグ・ダディ」が登場する。ロメロはその後、『ダイアリー・オブ・ザ・デッド』（二〇〇七）、『サバイバル・オブ・ザ・デッド』（二〇〇九）を制作した。『ダイアリー・オブ・ザ・デッド』では、『REC／レック』

と同様にＰＯＶを取り入れた。ゾンビ・アウトブレイク時に時間軸を戻し、ちょうどそのときミイラ映画を撮影していた大学生グループが、ゾンビ・ハザードをカメラで撮影しながら移動していく様子を描いた。携帯電話で撮影した動画やネットにアップされた動画など、現代的なメディア環境でのゾンビ・ハザード発生が描写された。続く『サバイバル・オブ・ザ・デッド』でも、登場人物たちは動画投稿サイトに投稿された動画を情報源に移動していく。

『バイオハザード』と『28日後…』に共通しているのは、ゾンビ化の原因を「ウイルス」に求めている点だ。これが三つ目の理由である。死者であるという点にこだわると、日本のような火葬が一般的な国では、「墓から甦ってくる」ことがない。すなわち、ゾンビ・アウトブレイクが起こっても、遺体を適切に処理できさえすれば、ゾンビ・ハザードは拡大していかないことになる。

ところが、ウイルスに罹患すればゾンビになる、というのであれば話は別だ。本稿を執筆している二〇二〇年二月末現在、まさに新型コロナウイルスが複数の国で流行している。ウイルスは国や文化圏を選ばず人から人へ感染していき、同様の症状をもたらす。特に、現代社会は「移動社会」とでもいえるほど、人や物の移動が盛んな社会であり、現代社会に生きる我々にとって、ウイルスは身近な存在なのである。そうすると、国や文化圏を問わずにゾンビが登場するコンテンツを作ることが可能になる。

二〇〇〇年代はゾンビ映画バブルと言えるような様相を呈していた。その発端として、大ヒットゲームの実写化作品『バイオハザード』の存在があった。表現面では『28日後…』『ドーン・オブ・ザ・デッド』『REC／レック』といった、「走るゾンビ」が登場し、これらがクリエイターや観客に受け入れられることで広がっていく。さらに、ウイルスによって感染していくという設定も、国や場所を選ばないため、さまざまな国で設定上無理なくゾンビを出現させるのに一役買った。こうした複合的な要因によって、ゾンビ映画は大量に制作、公開されるようになり、二〇〇八年には五十九本に達する。

一方で、歩みの遅いゾンビも完全になくなってしまったわけではなく、ゾンビ・ハザード以後の世界を描いたり、それぞれの国の文化を反映させたり、人間同士の関係性に焦点を当てて描いてみたりと、さまざまな工夫がなされていく。一九三二年に映画に登場したゾンビは、その性質を変化させながら、現在のゾンビ像に至ったのである。現在のゾンビの性質に到達するまでの歴史的変遷が整理できたところで、次の章では、ゾンビがどんなメディアとどのように関係しているか、見てみよう。

第三章　ゾンビのグローバル化、マルチメディア化

1．世界をまたにかけるゾンビ映画　―『ワールド・ウォーZ』

現代は「移動社会」と言えるほど、人や物の移動が盛んな社会である。そして、情報が価値を持ち大量にやり取りされる「情報社会」でもある。メディアを通じて、現実空間だけでなく、デジタル情報が飛び交う情報空間（サイバースペース）に接続しながら暮らしている。人や情報の移動が盛んになった世界で、人間は、そして、ゾンビは、空間をどのように移動し、メディアを通してどのようにコミュニケーションするのだろうか。

1-1．ゾンビが現れる空間

ゾンビ・コンテンツで描かれる場所には意味を見いだすことができる。特に、代表的なのはジョージ・A・ロメロの『ゾンビ』におけるショッピングモールだ。ショッピングモールという場所は、消費社会の象徴的な場所であり、ゾンビも人間もそこに集まって来てしまうありさまは、消費社会に対する批判的な意味を読み取ることができる。『ゾンビ』で描かれたようなモータリゼーションの進展を背景とした郊外型のショッピングモールは、現在の日本でも当たり前の光景となっている。『アイアムアヒーロー』では、ショッピングモールではなくアウトレットモールが舞台だった。大量の物が集まった消費空間ではあるが、アウトレットという「安売り」を目的とした場所になっている点が、『ゾンビ』の時代よりさらに現代的だ。面白いことに、映画版『アイアムアヒーロー』のロケ地は韓国の閉鎖されたモールだ。当然、映画用に看板などは装飾しなおされているとはいえ、作品を視聴していても、建物の雰囲気や全体の構造などでその場所が「日本ではない」とは気がつかない。ここからは、消費空間のグローバル化を見て取ることができる。消費のための箱や構造は、国を超えて共通なのである。

ほかにも、マンガ『ブロードウェイ・オブ・ザ・デッド 女ンビ ―童貞SOS』（すぎむらしんいち）では、登場人物たちは中野ブロードウェイに立てこもり、マンガ『ゾンビが出たから学校休み。』（むうりあん）では、秋葉原の大型家電量販店に立てこもる。これらもショッピングモールと同じく消費の場ではあるが、中野ブロードウェイも秋葉原も、どちらかと言うと情報産業的な消費の場所になっていると言えよう。栗原正尚のマンガ『フードンビ』では、舞台はさらに現代的な消費に関する空間となっている。本作では、「Nile」という通販サイト事業の配送センターでゾンビ・アウトブレイクが起こる。「Nile」

は、現実世界にある同業態の企業「Amazon」のパロディだ。通販サイト事業という業態である点、アマゾンと同じく川の名前であるナイルという名称である点、そして、窓の少ない巨大な配送センターがあり、その建物の形状が類似している点などから推測できる。ショッピングモールは、消費する物質を一か所に集め、人がそこに訪れる場所だ。情報社会の進展とともに、ネットショッピングが可能になった結果、消費者の観点から見ると物が集積する場所は情報空間上に移った。とはいえ、その裏には、実際の物財が集まった場所としての配送センターや倉庫がある。本作では、その消費者の目には触れないが物財が一か所に集中した場所を舞台として選んでいるところが面白い。

1-2. 都市と田舎とメディア

ゾンビ・コンテンツの舞台はさまざまで、一つの場所を中心にしたものもあれば、都会と田舎、都市と郊外などの対比が見られるものもある。

ゲーム『The Last Guy』では、都市がそのままステージとなる。サンフランシスコ、サンタフェ、ワシントンD.C.、ロンドン、ベルリン、シドニー、ストックホルムなどの都市である。日本も浅草や横浜、名古屋が登場する。Google Earthのような衛星写真で都市を俯瞰《ふかん》しながらプレイするゲームだ。そこでは、プレイヤーは知らず知らずのうちに都市の構造に注目することになる。たとえば、浅草では道が狭く、入り組んでおり、建物も小さなものが多いことを痛感する。都市には人が多く集う。生存者がいる確率も高いが、ゾンビの感染も盛んであり、危険度が高くなる。

地域的な差異が描かれる作品もある。映画『Zアイランド』の舞台は銭荷島という小さな島で、田舎だ。登場人物たちもそのことをことあるごとにぼやく。島の医師であるしげるは、看護師の直美と、急増した患者について話し合う。しげるは「咳《せき》はとまんないし、熱も下がんない、みんなおんなじ症状だな」とぼやく。直美は「インフルエンザじゃないの」と問う。しげるは「いや、インフルエンザとかファッションって東京からでしょ」と答える。警官の白川も「東京行きたかったのに、地元の配属になっちゃって、畑荒らすサル、俺にどうしろっつうの」とぼやき、「俺さ、『グランド・セフト・オート』的な生き方がしたいんだよね」などと言い出す。「東京」との対比で、自分が今いる場所を語る。

加えて『Zアイランド』には、現実認識をする際にメディア上の表象を参照したセリフが多い。前述した『グランド・セフト・オート』はアメリカのゲーム制作会社によるクライムアクションゲームだ。白川は「俺さ、ピストル撃ちたくて警官になったんだよ」と語る。

漁師の作田は、ゾンビが出現したことをなかなか現実のものと受け止められない。目の前にゾンビがいても「テレビのドッキリ」だと思っている。島の若者は、外部からやってきた女子高生の日向とセイラを見ると、一言目に「エロい」と言い出す。金持ちの家にゾンビに対抗するための武器を取りに行くシーンでは西洋式の刀剣を「勇者の剣」と呼ぶ。『ドラゴンクエスト』などの西洋ファンタジーを念頭においていると思われる表現だ。島の若者たちの現実認識が、メディアで描かれたものに準拠してなされている。

映画『アイアムアヒーロー』の中にも、事実を認識するために人がどれほどメディアを参照しているかを戯画的に描いたシーンがある。主人公である英雄が、ゾンビ・ハザードで混乱した町から脱出するためにタクシーに乗るシーンだ。後部座席には車載テレビがあり、チャンネルをザッピングすると、どの局でも緊急ニュースが流れている。次々にチャンネルを替えていくが、〝13ch〟では、アニメ『未確認で進行形』が放送されている。それを見て英雄はホッと表情を緩めて言う。「東テレが、アニメ放送してる間は大丈夫ですよ」。そう言った瞬間、そのチャンネルでも緊急ニュースが流れ、英雄は顔色が変わる。これは、実際にテレ東（テレビ東京／12ch）では、重大事件や事故が起こっても番組編成を変えないことが多く、ネット上でネタになっていることからヒントを得たシーンだ。

英雄の反応は、まさにメディアを通して現実を理解したものになっている。それというのも、英雄は、タクシーに乗り込むまでに、恋人や職場の人々をはじめ、道行く人々がゾンビ化したり亡くなったりした悲惨な現実をその目で直接見てきているのだ。それにもかかわらず、東テレでアニメが放送されているのを見て、「大丈夫」だと言う。

ゾンビ・コンテンツに描かれる空間や場所、メディアの意味を考えることで、登場人物たちの移動や認識の変化について考察を進めることができる。

1-3．移動こそが生き残る道

二〇一三年に公開された映画『ワールド・ウォーZ』は、ゾンビ・ハザードの感染が全世界に及ぶ様子を圧倒的な映像で見せた作品だ。予算は二億ドルで、興行収入は世界で五・四億ドル（アメリカで二億ドル、日本では一九・三億円）であった。本作はマックス・ブルックスの小説が原作だ。マックス・ブルックスは、『THE ZOMBIE SURVIVAL GUIDE』を二〇〇三年に出版、その後、自身の長編小説第一作目として『WORLD WAR Z』を二〇〇六年に出版した。原作小説は、架空のゾンビ・ハザードである「ゾンビ戦争」に関するインタビュー調査の結果というフェイク・ドキュメンタリー的な体裁を取る。

一方の実写映画版は、ブラッド・ピットが主人公のジェリーを演じたゾンビ・パニック物となっており、原作の作りとは大きく異なる。本作のゾンビ化の原因はウイルスだ。このウイルスは噛《か》みつきによって感染するタイプのもので、感染すると、短い場合は十数秒でゾンビと化し、人に襲い掛かる。本作のゾンビは、ロメロタイプではなく、疾走タイプだ。また、あたかも蟻《あり》や蜂の大群のように大集団で襲い掛かってくる描写が多いのも特徴的である。本作では、主人公が世界中のさまざまな国に出向き、それぞれの対ゾンビ・ハザード策を見て回りながら、ゾンビ・ハザードの解決策を探していく。つまり、「感染」をどのような方法で防御するのか、拡散をどうやって止めるかを問い続ける物語なのである。『ワールド・ウォーZ』の主人公の歩む道はとても興味深い。ここからは、コンテンツ内の時間の流れと場所の移動に注目してみよう。

主人公のジェリーは国連の職員で世界の紛争地域で働いていたが、現在は退職して主夫をしている。慣れないパンケーキ作りをし、妻や二人の娘にふるまう。自家用車を運転し、家族で出掛けるが、途中で渋滞につかまってしまう。何が起こっているのかといぶかしがっているうちに、ゾンビの群れが襲って来る。本作のゾンビは全力疾走型であり、また感染も早い。ジェリーが目撃した例では、噛まれてたった十二秒で変異した。ゾンビが襲い掛かってきたため、アパートの一室に逃げ込むジェリー一家。そこには移民のメキシコ人家族が住んでいた。両親は英語が話せず、息子を通訳にして話し合う。ジェリーは「僕は危険な地域で仕事をしていた。行動しないと生き残れない。行動こそ命だよ。一緒に行こう」とうながす。ところが、父親はジェリーに必要物資は何でも持っていってよいと告げ、動かないことを選択した。手製の槍《やり》を作り、プロテクター代わりに雑誌を腕に巻き付けて屋上を目指すジェリー。直後にその部屋にもゾンビが襲来し、一人生き残った息子だけが逃げてくる。ゾンビの血が顔にかかったジェリーは、自身が感染した可能性を考え、屋上の縁に立っていつでも飛び降りられるようにした状態でカウントを始める。カウントを終えても変異しなかったためヘリに乗り込み、間一髪のところで家族と共に脱出する。

ヘリが到着した先は、大西洋に浮かぶ「国連指揮艦 空母アーガス」だった。家族と、先ほど助けた子どもの分のベッドが割り当てられた。ただ、これには条件があった。それは、ジェリーの国連職員への復帰とプロジェクトへの参加だった。軍の指揮により、感染源を特定してワクチンを作るプロジェクトが進んでいた。ジェリーはこれまで紛争地帯で調査にあたり生き残ってきた経験を買われ、ウイルス学者のファスバック博士をエスコートする仕事を依頼される。当初は、国連はすでに辞めたので今更復帰するつもりはないと断るが、このミッションを引き受けなければ、家族共々、船から降ろされてしまうという。家族のためにジェリーは仕方なく仕事を引き受ける。

一行は、ゾンビ・ハザードを解決するにあたって、最初の患者を探そうとする。発生源を突き止められればワクチンを作ることができるという。最初にゾンビ出現の情報を送ってきたのが韓国の米軍基地であったことから、まずはファスバック博士と共に韓国に向かう。基地では、ある村を訪ねた基地勤務の医者が嚙まれたことによって感染し、戻って来てから発症して、周りに襲い掛かったことを聞く。それに対処するために、部屋ごと焼いてしまったことが明らかになり、最初の患者へのアクセスが早くも難しくなった。ただ、脚が不自由な兵隊が、ゾンビに見向きもされなかったという情報を得る。基地内には、自らをCIAの一員と名乗る男が監禁されていた。彼によると、北朝鮮はゾンビ・ハザードを免れているという。その対応策は、全人口二三〇〇万人の歯を抜いてしまうことだった。「歴史に残る〝社会工学の妙〟だ」と言う。ゾンビの武器を完全に無効化してしまう策である。国の政策によって国民全員が歯を抜かれる、というのは、確かにゾンビ・ハザードを広めないためには最適な方法だ。しかし、この対処法は、個人の自由を犠牲にしたやり方である。防疫の徹底と個人の人権とのバランスについて考えさせられる。

1-4．壁を築いて身を守る

元CIA職員は、ほかにもイスラエルは感染していないという。イスラエルでは、広大なエリアを囲む巨大な「壁」を築いていた。ゾンビ・ハザードを巨大な「壁」を用いて守る、という発想は同時期のコンテンツで数多く描かれている。たとえば、『死霊列車』『ウォーム・ボディーズ』『ラスト・オブ・アス』『ヘルドライバー』などの作品だ。ゾンビ・コンテンツ以外でも、巨大な壁によって外敵の侵入を防ぐ描写は、『進撃の巨人』や『パシフィック・リム』などにある。この「壁」は、もちろんゾンビ・ハザードを遮断するために構築するわけだが、同時に、ゾンビに包囲されてしまうことも意味する。逆に、ゾンビを壁で覆ったエリアに閉じ込める方法もある。映画『バイオハザードⅡ』では、ラクーンシティにゾンビ・ハザードが起こり、壁で外界と遮断されてしまう。閉鎖される前に外部に逃げられなかった人間たちは、ゾンビとともに壁の中に閉じ込められる。

もちろん、ゾンビ映画に登場する「壁」は現実世界を模倣しており、中国の万里の長城やドイツのベルリンの壁など、例はたくさん挙げられる。近年では、二〇一七年に、この「壁」を建設、強化することを高らかに宣言し、ドナルド・ジョン・トランプがアメリカ合衆国の大統領となった。この壁は、アメリカとメキシコの国境に設置され、メキシコからアメリカへの移民を防ぐためのものである。壁自体は以前から存在しているが、トランプ大統領は、この強化や、建設費の負担をメキシコに求めることなどを主張して、選挙戦に勝利した。トランプ大統領に限らず、イギリスのEU脱退や、さまざまな国が保護主義的な政策をとり始めるなど、自国第一主義が支持を集めている。

さて、壁を築く方法はどのような帰結をもたらすのか。『ワールド・ウォーZ』の中では、内部で拡声器を用いて歌を歌いはじめる人が出てきて、外壁の周りにいたゾンビたちが、壁の外で一か所に密集してしまい、ゾンビがゾンビに乗って、その上にさらにゾンビが……、という信じられない方法で、壁を乗り越え内部に侵入してしまう。

イスラエルから脱出する際に、ジェリーは奇妙な光景を目にする。遠くに見えていた細身の青年が、ゾンビの大群に追いかけられていた。襲われるかと思いきや、ゾンビたちは猛スピードで青年を追い越していく。空港に向かって逃げる最中に、同行していたイスラエル軍の女性兵士セガンがゾンビに噛まれる。ジュリーは感染を防ぐため、即座にセガンの手を切断する。セガンは感染しなかった。決断の速さが彼女を救ったのだ。

「移動し続けること」これがジェリーの安全の鉄則であったが、なんと脱出のため乗り込んだ飛行機内にもゾンビが紛れ込んでいた。機内の後部から前部に向かって急速に感染が広がっていく。荷物やバッグで防ごうとするが、とても防ぎきれない。セガンが持っていた手榴弾《しゅりゅうだん》を投げるジェリー、機体の胴体側面に穴が開き、そこから吸い出されるゾンビや人間たち。穴が開いたことで飛行機は墜落してしまったが、セガンとジェリーは生き残る。ジェリーは感染を免れる方法に気がついていた。これまでゾンビの只中《ただなか》にあっても襲われなかった人々は、それぞれに長く生きられない病や怪我《けが》をしていたと考えたのだ。

ウイルスの目的が人間の身体を使って増殖することだとすれば、致死性の病にかかっている身体はウイルスにとって利用価値がなく、ゾンビに襲われないことに気づく。ジェリーは、わざと自らの体内に病原体を打ちこみ、致死性の病気にかかってみせる「擬態」によって、ゾンビたちから「見えない存在」となることで、危機を切り抜けることに成功する。ジェリーはゾンビに無視され、ゾンビだらけの研究棟を堂々と抜けて帰ってくる。この方法は全世界に広まることになった。治療を受けたあと、カナダのノバスコシアにあるセーフゾーンに移送されていた家族と出会い、ジェリーの旅はここで終わる。

1-5. 「引きこもり」と「決断主義」

実は、この流れは、日本のコンテンツの変化として指摘されてきた流れに似ている。宇野常寛が、著作『ゼロ年代の想像力』で示して見せた変化だ。[1]

本書の中では、一九九五年から二〇〇一年ごろまでの想像力として「引きこもり」が提示されている。この想像力を如実に表した作品として挙げられるのがアニメ『新世紀エヴァンゲリオン』(一九九五)だ。本作の主人公である碇シンジは、父親から命じられ、巨大ロボット「エヴァンゲリオン」に乗り、「使徒」と呼ばれる巨大生物と戦う。こうした設定の物語では、主人公は、最初はいやいやながら行っていた戦闘の中に自分自身の役割を見つけたり、父親や仲間から承認されたりして成長していくような展開が予想される。しかし、本作では、物語の途中からシンジはロボットに搭乗することを拒み、社会的自己実現には向かわず、自分を無条件に承認してくれる存在を求めていく。『ゼロ年代の想像力』では、このような物語の『新世紀エヴァンゲリオン』が大ヒットした理由について、以下のように分析してみせる。社会における社会的自己実現への信頼感が低下し、がんばっても、生きる意味や価値を見いだせない世の中が背景としてあり、社会的自己実現に拠《よ》らない承認を欲する「気分」を代弁するものとして機能したというのだ。

その後、二〇〇一年前後からは、9・11のアメリカ同時多発テロ、小泉純一郎のネオリベラリズム的な構造改革路線、格差社会意識の浸透といった社会状況を背景にした新たな想像力が登場した。それは、引きこもっていても解決しない、たとえ他人を傷つけることになっても、何かを決断して行動しなければ生き残れない、という価値観だという。社会から、信じるに値する価値や意味が供給されない状態を前提として、自分で考え、何らかの決断をし、行動に移すことを重視する立場だ。また、その決断の責任は自己が負わねばならない。これを、宇野は、「サヴァイヴ感」とその対処法としての「決断主義」と表現した。そして、こうした状況を如実に表した作品としてマンガ『DEATH NOTE』（大場つぐみ・作、小畑健・画）を挙げる。本作は、名前を書くとその人物を死亡させる力を持ったノートが死神によって現世にもたらされることから話が始まる。それを手にした主人公「夜神月（やがみ ライト）」は、世界中の犯罪者の名前をどんどん記入し、殺害していく。当初は悪人だけをさばいていたが、それは徐々に自分の邪魔をしようとする人々にも向けられるようになる。その後、不可解な殺人事件を解決すべく動き出す天才探偵「L」と月の対

1　宇野常寛（二〇〇八）『ゼロ年代の想像力』早川書房

決がストーリーの中心となるが、物語が進むにつれて、ほかにも死神が数体登場し、現世に存在するノートの冊数が増え、さまざまなプレイヤー同士がそれぞれの欲求や思想で争うバトルロワイヤル的展開となっていく。

この背景として、『ゼロ年代の想像力』の中で指摘されているのが『ポケットモンスター』などのビデオゲームや『マジック・ザ・ギャザリング』などのカードゲームの影響だ。週刊少年ジャンプに連載されたマンガを例に、この変化が説明される。ジャンプに連載された大人気漫画『ドラゴンボール』に顕著だが、一九九五年以前までは、「主人公が武道大会やスポーツ大会に出場して、それを勝ち進むことで成長する、というドラマツルギー」＝「トーナメントバトル・システム」が支配的だった。確かに『スラムダンク』（井上雄彦）『聖闘士星矢』（車田正美）、『北斗の拳』（武論尊・原哲夫）、『魁!!男塾』（宮下あきら）などでは、次々に強い敵やチームが登場し、それらと戦う中で主人公や登場人物が成長していく様子が描かれていた。その後、一九九四年に『幽☆遊☆白書』（冨樫義博）が、トーナメントバトルシステムを採用しつつ、最終的にはそれを無効化するような形で連載を終了し、ジャンプは後続の人気コンテンツが見いだせない状態となる。その後、『ONE PIECE』（一九九七）、『NARUTO -ナルト-』、（一九九九）、『DEATH NOTE』（二〇〇三）

などが人気コンテンツとして登場する。これらがそれ以前のシステムと異なっているのが、カードゲームシステムだという。

『ドラゴンボール』などでは、強さの単位は単一で、弱い者が強い者に勝つことはほとんど不可能だった。勝つためには、その強さの単位の中で修行や練習をして実力を上げるか、根性による馬鹿力や自爆などに頼らなければ、一矢報いることができない。特に『ドラゴンボール』では、戦闘力を数値化する「スカウター」という道具が登場し、強さの序列がはっきり示されるシーンもある。ところが「カードゲームシステム」的な作品では必ずしもそうではない。一つの軸上に位置づけられた強者と弱者という図式ではなく、それぞれに能力が違い、工夫次第で強者に勝利できるような世界が描かれた。

さらに、宇野はこの二つの時代を経ながら人気を継続しているマンガ作品を挙げる。それは『ジョジョの奇妙な冒険』（荒木飛呂彦）シリーズだ。『ジョジョ』の世界では、さまざまな能力を持ったキャラクターが乱立している状況を描く。荒木飛呂彦は自身の作品がジョージ・A・ロメロの『ゾンビ』をはじめとしたゾンビ映画に非常に大きな影響を受けていることを自著『荒木飛呂彦の奇妙なホラー映画論』[2]で述べている。ゾンビが登場する世界では、それぞれがそれぞれの特性を生かして知恵を絞って生き抜いていく、まさに「サヴァイヴ感」が充満し、その都度決断を迫られる「決断主義」の世界だ。

それでは、この「引きこもり」と「決断主義」の考え方を『ワールド・ウォーZ』に当てはめて考えてみよう。本作において、ジェリーは、「引きこもる」ことを否定している。ジェリーは国連職員として紛争地帯という、サバイバル地帯を生き抜いてきた経歴を持つ。そこでは、「行動こそ命」であり、決断せずに引きこもっていても事態は解決しない。しかし、実はジェリー自身が、紛争という価値観の衝突に疲れ、一度そこから降りて「引きこもって」いた。引きこもっていても、家族は助けられない。仕方なく、サヴァイヴ感に支配された決断主義の場に舞い戻る。この時点で、本作は、ゾンビという価値観に対して、引きこもる以外のどのような解決策が提示されるのか、という観点で捉えられる。

イスラエルでなされた「壁によって隔離する」方法は、感染を遮断し、その内部の価値観のみで生きようという回答だ。引きこもりの大規模化と言っても良い。価値観の合う人間同士で、ほかの価値観との間には壁を作って生きようというわけだ。息を殺して自分たちの価値観のみで生きていればゾンビに気づかれることはなかったのかもしれないが、歌を歌ってその価値観を外に誇示してしまったことにより、壁が壊され、閉じた世界で一つの価値観を信じて生きる集団は破壊されてしまった。

ジェリーの行動原理は、事態を解決するために素早く意思決定を行って、行動することだ。まさに「決断主義」である。この物語の中で、犠牲になっていくのは、決断を遅らせた人や、決断を間違えた人々だ。サバイバルな世の中を生き抜くには、決断が重要なのである。

さまざまな方略とその結果を見たジェリーは、最終的に「感染を免れるには、感染者に相手にされなければよい」という回答を出してみせる。とはいえ、これは完全な解決策を用意したわけではない。つまり、相手にとって価値のない「価値」を創出する、という解決策で、いったん価値観のバトルロワイヤルから身を引く、というものだ。

以上、見てきたように『ワールド・ウォーZ』は、ある種の価値観といかに対峙《たいじ》するか、という問題について、世界中のさまざまな場所を旅して、「引きこもり」や「同じ価値観同志で固まること」などがゾンビ（他の価値観）の襲撃に対して有効ではないことを確認した上で、スピーディーに決断を行いながら情報収集を重ね、「相手にされなければ良い」

2　荒木飛呂彦（二〇一一）『荒木飛呂彦の奇妙なホラー映画論』集英社新書

という解決策を提示した物語だと言える。本作の続編があるとしたら、そこではどのような解決策が提示されるのか、興味深い。

2．ところ変わればゾンビも変わる　――進む国際化と多様化

『ワールド・ウォーZ』は作品内容として、世界中を巡りながら、さまざまなゾンビ対策を目の当たりにしていくものであったが、現実社会のゾンビ映画もさまざまな国で作られるようになってきた。また、ゾンビが出現する場所やシチュエーションも多様化している。本節では、多彩なゾンビ映画の世界を見て行きたい。

2-1．国際ゾンビ博覧会

まずはイギリスから見てみよう。イギリスのコメディ映画『ショーン・オブ・ザ・デッド』（二〇〇四）では、主人公たちはパブに立てこもる。ジョージ・A・ロメロの『ゾンビ』ではアメリカらしいショッピングモールだったが、本作では立てこもり先はイギリス伝統

の「パブ」だ。また、アメリカのような銃社会ではないので、クリケットのバットで殴りつけたり、レコードを投げつけたりして戦うほかない。銃社会ではないという意味では日本も同じだ。一方で、ゾンビ映画の見せ場の一つは、ゾンビを銃撃するシーンだ。そのため、日本のゾンビ映画でも、なんとか登場人物に銃を持たせる展開や設定を入れ込む。すなわち、日本で銃を所有している存在、警察官、自衛官、そして、やくざが登場する。銃社会ではない国のゾンビ映画には、同じような傾向が見られる。『アイアムアヒーロー』はその点が工夫されており、主人公はクレー射撃が趣味という設定で、散弾銃を所有している。

映画『高慢と偏見とゾンビ』Blu-ray（4800円税別）／DVD（3800円税別）発売・販売ギャガ ©GAGA Corporation. All Rights Reserved.

ほかにも、イギリスには、ジェーン・オースティンの小説『高慢と偏見（Pride and Prejudice)』（一八一三）にゾンビを加えたものがある。セス・グレアム・スミスの小説『高慢と偏見とゾンビ（Pride and Prejudice and Zombies)』（二〇〇九）がそうだ。本作は、二〇一六年にイギリスとアメリカ合衆国の合作で実写映画化されている。このような、すでにある作品にゾンビを放り込む遊びは、さまざまな作品でなされている。『不思議の国のアリス（Alice in Wonderland）』にゾンビを混ぜた書籍『Alice in Zombie Land』、マーベルコミックの登場人物がゾンビになる『マーベルゾンビーズ』、同じくマーベルのヒーローたちが作ったチーム「アベンジャーズ」がゾンビと戦う『アベンジャーズ／ゾンビ・アセンブル』などがある。映画『ウォーム・ボディーズ』も、『ロミオ&ジュリエット』のパロディだ。

イギリス映画『ザ・デッド』シリーズは、アフリカ、インドを舞台にしており、それぞれに特色のある風景を描いて見せた。本作は、一作目を邦題で『ゾンビ大陸 アフリカン』（二〇一〇）としたため、二作目の邦題が『ザ・デッド インディア』（二〇一三）となったが、実はシリーズものである。[3]『ザ・デッド インディア』では、主人公がゾンビをかわして恋人の待つ町に向かうためにパラグライダーという移動手段を用いる点が珍しい。

ロケ地としてだけでなく、インド制作のゾンビ映画も登場した。『インド・オブ・ザ・デッド』（二〇一三）である。インド映画というと軽快な音楽に合わせた群舞のイメージを持つかもしれないが、[4]本作は冒頭にそういうシーンが戯画的に出てくるだけだ。主人公たちがぼんやりと見つめるテレビには、明らかにミュージック・ビデオ『Thriller』のマイケル・ジャクソンを意識した赤のレザーの上下を着用した男を中心に群舞する映像作品が映し出されている。本作はコメディで、作中では目の前に登場した「人を食う存在」が何者なのか、主人公たちが話し合うシーンがある。魔女やヴァンパイアなどいろいろと可能性を話し合う中で、ゾンビだという意見が出るが、「そんなわけはない」「ここはインドだ」と仲間たちに反論される。それに対して、「グローバリゼーション」の影響なのだ、エイズが渡ってきたのと同じように、ゾンビが渡ってきたのだと言うシーンがある。まさに、ゾンビは国際化して、さまざまな国や地域に広がっている。

ほかにも、さまざまな国でゾンビ映画が作られている。たとえば、ギリシャのゾンビ映画『ギリシャ・ゾンビ』（二〇〇五）、『ヴァーサス・ゾンビ　時空を越えた生きる屍』（二〇〇九）、カナダ産ゾンビ映画『ゾンビーノ』（二〇〇六）、フランスの『ザ・ホード死霊の大群』（二〇一〇）、『ゴール・オブ・ザ・デッド』（二〇一四）、キューバ産の『ゾンビ革命　フアン・オブ・ザ・デッド』（二〇一一）、ブラジル産の『シー・オブ・ザ・デッ

3　ただし、二作目から見ても何の問題もない。
4　動画投稿サイト「YouTube」などには、インド映画の群舞シーンの映像にアニメ『妖怪ウォッチ』のオープニングテーマ曲「ようかい体操第一」などを組み合わせたMAD動画が投稿され、多くの人に視聴されている。

ド』(二〇一三)、スペイン・カナダ合作の『ゾンビ・リミット』(二〇一三)、オーストラリアの『ゾンビマックス! 怒りのデス・ゾンビ』(二〇一五)などが挙げられる。世界中で「ゾンビ」をテーマに、クリエイターたちがそれぞれの作品を発表しているのだ。

こうした中にあって、根強く扱われるモチーフがある。ナチ・ゾンビ映画だ。八〇年代にも『ナチス・ゾンビ/吸血機甲師団』(一九八〇)などがあったが、二〇〇〇年代以降もそれなりのペースで作られている。たとえば、『ゾンビ・ソルジャー』(二〇〇七)、『処刑山-デッドスノウ』(二〇一〇)、『アウトポスト BLACK SUN』(二〇一二)、『ヒトラー最終兵器』(二〇一四)、『ナチス・オブ・ザ・デッド』(二〇一五)、『オーヴァーロード』(二〇一八)などがある。ゾンビものに限らず、「ナチス映画」は比較的史実に沿ったものから、ゾンビ化した兵隊が空飛ぶサメに乗って襲来するという荒唐無稽な作品まで[5]、数多く作られている。研究者による『ナチス映画論』[6]や、ムック本『別冊映画秘宝 ナチス映画電撃読本』[7]など、このテーマだけで一冊本ができてしまうほどなのだ。現実に起こった社会的な「恐怖」は、このように作中でゾンビとなって、何度でも甦り、再生産されていく。ゾンビは、さまざまな「恐怖」を引き受け、作品に登場し続けている。

アジア圏でも、ゾンビ映画が作られている。香港の『香港ゾンビ』(一九九八)では、デジタルゲーム的な表現が見られるなど、現代的なサブカルチャーを取り入れたものになっていた。台湾では、『Z108地区 ～ゾンビ包囲網～』（二〇一二）が、中国では『超感染 ファイナル・デッド』（二〇一八）が制作され、広がりを見せている。なかでも、二〇一〇年代に入ってから、韓国のゾンビ映画が元気だ。『新感染 ファイナル・エクスプレス』（二〇一七）、アニメ映画『ソウル・ステーション／パンデミック』（二〇一七）、『感染家族』（二〇一九）などが日本でも上映された。この三作品はそれぞれ違った状況を描いているが、全て「家族」の問題を扱っている点が

5『SkySharks』
6 渋谷哲也・夏目深雪（編）（二〇一九）『ナチス映画論 ―ヒトラー・キッチュ・現代』森話社
7 別冊映画秘宝編集部・高橋ヨシキ・岸川靖（二〇一二）『別冊映画秘宝 ナチス映画電撃読本』洋泉社

映画『新感染』
Blu-ray（6980円税別）／DVD（4700円税別）販売・発売元：ツイン

映画『感染家族』

興味深い。さらに、ゾンビという存在を、トラブルを持ち込むものとしてだけでなく、問題を解決するものとして描かれている点も、独特だ。

第二章で確認した通り、ヴードゥー教のゾンビは、映画に描かれていくことで性質が変化し、徐々に地域性が脱色されていった。ところが、そのことによって、今度はさまざまな国や地域で作られるようになり、作られた国や地域の文化的特徴が反映され、新たな地域性を獲得するに至ったことが明らかになった。

2-2．不思議な場所「学校」

ゾンビは、特にウイルス設定になってからは、基本的に現れる場所は限定されていないが、「学校」はショッピングモールなどの消費空間と同じくよく描かれる場所だ。大樹連司の小説『オブザデッド・マニアックス』（二〇一二）の冒頭には、日本の学校について興味深い描写がある。本作の主人公は、スクールカーストの下位に位置付けられる存在だ。

教室で生き残るために必要な知識は、すべて、ゾンビが教えてくれる。

学校の皆が、空気を吸うようにできていること――クラスメイト同士で話を合わせるためだけに、テレビを観て音楽を聴いてマンガを読み、毎日毎日休む暇なく、ただメールをするためだけにメールを打ち続ける――そういうことが、どうしても無意味に思えて、それでも教室の日々を平穏無事に過ごしたいなら――ゾンビ映画に学ぶといい。

何故って、教室の連中は、似ているのだ。そっくりなのだ。奴らに。――ゾンビに。

ただ本能が命ずるまま、尽きることなき飢えに苛《さいな》まれて生肉を食らうゾンビたち。

生命への憎悪に突き動かされ、群れをなして生者へと襲い掛かるゾンビたち。

クラスの連中も同じだ。広告に命ぜられるまま、与えられた流行に次々と飛びついては食い尽くし、次の流行へ。次の次の流行へ。その飢えはけして満たされることはない。

そうして、少しでも自分たちとは異質な人間を見つければ、群れをなして襲いかかる。

徹底的に蹂躙《じゅうりん》して、みずからの仲間になるまで許さない。

だから、教室で生き残るには、ゾンビに埋め尽くされた地上をサヴァイブするのと同じだけの知恵と覚悟がいる――戦うための知恵と、耐え抜く覚悟が。

クラスメイトをゾンビの比喩で表現している点が面白い。本作の主人公は名前が丈二であり、作中に過去のゾンビ・コンテンツが登場することから、ジョージ・A・ロメロを意識している。ロメロが『ゾンビ』で消費社会を皮肉って見せたように、教室内の人間関係を皮肉っている。「クラスメイトに合わせることに躍起になっている様子」「メディアや流行に踊らされている様子」「異質な存在に攻撃を加えて同質な存在にしようとする様子」などがゾンビに似ているとされる。

日本のゾンビ・コンテンツには、学校が登場するものが多い。『学園黙示録 HIGH SCHOOL OF THE DEAD』（二〇〇六）、『がっこうぐらし！』（二〇一二）、『異骸』（二〇一四）、『学園×封鎖』（二〇一四）など、さまざまな作品の舞台になっている。

しかし、これが日本独自の特徴なのかというと、そうでもない。海外の作品でも学校が舞台のものが散見される。『ゾンビ・ハイスクール』（二〇一二）、『ゾンビスクール！』（二〇一五）、『アナと世界の終わり』（二〇一八）などがそうだ。『アナと世界の終わり』は高校が舞台で、やはりスクールカースト的な描写が見られる。運動部系でマッチョな態度の男子生徒グループは、事あるごとに地味な男子生徒にいたずらを仕掛けている。『ゾンビスクール！』の舞台は小学校だ。本作の主人公は、小説家になるのが夢だが、なかなか芽が出ず、国語教師として地元に戻ってくる。本作が面白いのは、ゾンビになるのは子どもたちだけであり、ゾンビ生徒vs教師の戦いが描かれる点だ。どちらかというと教師が普段抱えているストレスを子どもゾンビにぶつけるような描写が多い。小学校教師の激務やストレスフルな環境が日本でも問題化しているが、共通の課題なのかもしれない。

学校は、小学校、中学校、高等学校と、多くの人がそれなりに長時間を過ごす場所だ。そこでは、生徒や学生同士の関係、教員と生徒や学生との関係、教員同士、保護者と生徒・学生、保護者と教員といったさまざまな関係性でのコミュニケーションがなされる。それは円滑なものや良好なものばかりではなく、窮屈な思いをしたり、理不尽に感じたりするようなこともたくさん起こる。生徒や学生は多感な時期ということもあり、学校にはさまざまな感情が渦巻き、物語の舞台として最適なのだ。

2-3．ゾンビだって旅したい

ゾンビも旅をする。飛行機内でゾンビが発生する『デッド・フライト』（二〇〇七）や、船上でゾンビが発生する『黒執事 Book of the Atlantic』（二〇一七）は、それぞれのシチュエーションでゾンビ・アウトブレイクが生じ、その対処が描かれる。

特に鉄道ものは作品数がそれなりにある。七〇年代には、映画『ホラー・エクスプレス／ゾンビ特急〝地獄〟行』（一九七二）があった。本作では、クリストファー・リーとピーター・カッシングという、『吸血鬼ドラキュラ』で、ドラキュラ伯爵とヴァン・ヘルシングを演じた二人の俳優が共演している。

日本の小説作品『死霊列車』（二〇〇八）は、「致死的急性狂犬病症候群（ダーズ）」が蔓延《まんえん》したゾンビ・ハザード下において、鉄道マニアの少年がトロッコ列車を駆って北海道を目指す。本作は、鉄道に関する描写が詳細で、放置された車両を避けてどういうルートを通れば北海道まで到達できるか、ゾンビがうろつく中でどのように線路の分岐を変更するかといった、鉄道ならではの展開が描かれる。また、ゾンビ・ハザードの原因となるウイルスを「ダーズ」と名付けているが、明らかに二〇〇二年に発生したサーズ（SARS: Severe acute respiratory syndrome　重症急性呼吸器症候群）をモデルにした名称だ。

日本のアニメ作品『甲鉄城のカバネリ』（二〇一六）は、和風スチームパンク作品である。蒸気機関が発達した日ノ本という島国が舞台で、ゾンビ的な怪物カバネと人間の戦いを描く。本作のカバネの設定は通常のゾンビ物とは少し違っており、興味深い。『甲鉄城のカバネリ 設定資料集』[8]によると、以下の特徴を持っている。

1．カバネは心臓を破壊しないと死なない。

2．心臓には金属の被膜があり、非常に硬い。
3．カバネになったヒトは心臓が強化され、筋力が上がる。
4．カバネは「人間の血」を欲しがる。ほかの食べ物を受け付けなくなる。
5．カバネが血を飲まないでいると、凶暴化してしまう。
6．カバネは斬られたら血が出る。痛みは多少あるが、かなり軽度（痛みに強い）。
7．血はカバネの生命維持とは関係がない。血がなくてもカバネは永遠に生きる。むしろ足りなくなると、血を求めて凶暴化。
8．ダメージは回復する。見てわかる速さではないが、通常の人間よりかなり速い。

『甲鉄城のカバネリ　設定資料集』カバネリ制作委員会・著　マックガーデン（3685円税別）1016年12月刊

カバネは身体的には人間よりもかなり強い。ダメージが回復するという設定もほかには

8　カバネリ製作委員会（二〇一七）『甲鉄城のカバネリ　設定資料集』マッグガーデン

あまりない。また、弱点が、多くのゾンビ・コンテンツで設定されている「脳」ではなく、「心臓」である点も独特だ。本作では、主人公の生駒はカバネに噛まれてしまうが、ウイルスの脳への侵攻を止めることに成功し、半カバネである「カバネリ」となり、同じくカバネリである少女「無名」と共に、カバネと戦う。人々はカバネを避けて「駅」と呼ばれる要塞都市に暮らしている。その間をはりめぐらされた線路を移動する「駿城《はやじろ》」（重装甲の蒸気機関車）の一つが、主人公たちが乗り込む甲鉄城だ。カバネは駅や駿城に襲い掛かってくるので、それに対抗する必要がある。本作には、カバネの設定や世界観など、現実の現代を舞台にした作品にはない独自性が見られる。二〇一九年には新作のアニメ映画『甲鉄城のカバネリ 海門決戦』も上映された。

映画『新感染 ファイナル・エクスプレス』（二〇一七）は、韓国高速鉄道（KTX: Korea Train eXpress）の中で起こるゾンビ・ハザードを描いたものだ。日本に置き換えると新幹線車両内にゾンビが発生したと考えてもらえばよい。座席やトイレなどの位置は日本の新幹線や特急列車などと同じなので、身近な環境でのゾンビ・ハザードの様子を見ることができる。本作のゾンビは全力疾走型だ。作中では、ゾンビの大群が主人公の乗る気動車に迫るシーンが描かれる。一体のゾンビが車両に取り付き、そのゾンビに別のゾンビが摑《つか》まり、といった具合にゾンビが数珠つなぎになっていく圧巻のシーンで、鉄道系ゾンビ・コンテンツならではのものになっている。是非ご覧いただきたい。

2-4. 自然と「動物園」

ゾンビは元々人間だが、人間以外のものもゾンビになることがある。ゲーム『バイオハザード』には、ゾンビ犬が登場した。『ボーンヤード』（一九八九）には、犬の中でもプードルのゾンビが出てくる。犬以外の動物はどうだろうか。『ゾンビーバー』（二〇一四）では、その名の通り、ビーバーがゾンビ化する。ビーバーがゾンビ化しても怖くないのではと思われる方もおられるかと思うが、ビーバーは木をがりがりやるので、通常のゾンビであれば室内に立てこもればある程度逃げられるが、ゾンビーバーは家をかじって入ってくる。ちなみに、ゾンビーバーに噛まれると、ゾンビになるかと思いきや、巨大な前歯にしっぽが生えた「ゾンビーバー人間」になってしまう。作中では、野生のクマも噛まれてしまったようで、ゾンビーバークマも登場する。

サメがゾンビ化する『ゾンビシャーク　感染鮫』（二〇一五）という作品もある。本作ではゾンビシャークに人が噛まれるとゾンビになる。サメ映画と言えば、有名なものに

『ジョーズ』や『ディープブルー』、『MEG』などがあるが、実はゾンビ映画以上に自由な発想で新作がたくさん作られているジャンルである。たとえば、トルネードに巻き込まれたサメが襲ってくる『シャークネード』や、サメの上半身にタコの足がくっついて自在に陸上に上がってくる『シャークトパス』、なんと幽霊になって人々を襲う『ゴースト・シャーク』や、家に出る『ハウス・シャーク』などもあり、はっきり言ってめちゃくちゃだ。

これらのサメ映画がチャレンジしている問題は、「サメは海から離れてしまえば問題ないのでは?」という点に尽きる。さまざまなアイデアで、このハードルを越えようとするスピリッツには感心してしまう。右の説明を見ると、「そんな映画を誰が見るんだろう」と思われるかもしれないが、『シャークネード』や『シャークトパス』はシリーズ化している。ほかにも、サメの頭がシリーズを追うごとにどんどん増えていく『ダブルヘッド・ジョーズ』『トリプルヘッド・ジョーズ』『ファイブヘッド・ジョーズ』『シックスヘッド・ジョーズ』もある。海に囲まれた島国でありながら、日本ではサメ映画がほとんど作られていないのは不思議だ。

『ZOMBEE ゾンビー ~最凶ゾンビ蜂 襲来~』では、ハチがゾンビ化する。もう、基本的にはなんでもゾンビ化するといっていいのかもしれない。『ズーンビ』(二〇一六)および、続編の『ズーンビ ネクストレベル』(二〇一九)では、動物園内の動物たちがゾンビ化する。サル、コアラ、キリン、ライオン、ゴリラなどがゾンビ化して襲ってくる。なんと、恐竜がゾンビになる『ゾンビ・レックス』(二〇一八)という作品もある。恐竜が動物園のようなところで飼われており、それが暴れだすといえば、スティーブン・スピルバーグ監督の『ジュラシック・パーク』(一九九三)を思い出す。本作はシリーズ化し、最新作は『ジュラシック・ワールド/炎の王国』(二〇一八)で五作目だ。ヒットした映画の設定を採用するのはB級映画のお約束で、『ズーンビ』にも意識したと思われるシーンが登場する。

似たような設定の作品に『ゾンビ・サファリパーク』[9](二〇一五)がある。Blu-ray のパッケージ裏面には「ゾンビin「ジュラシック・パーク」とでもいうべき、ありそうでなかったゾンビ狩りアミューズメント・ムービー!」という惹句《じゃっく》が書かれている。本作では、ゾンビ・ハザードが解決し、日常が取り戻されている。しかし、ゾンビ・ハザードを生き延びた人々の中には、心に深い傷を負ってしまった人々もいた。「リゾート(REZORT)」は、

9 原題は『THE REZORT』

孤島で人々にゾンビ狩りを楽しませる高級アミューズメントだ。安全を確保された上で、ゾンビを銃撃していく参加者だったが、システムがダウンし、解き放たれたゾンビに襲われ始める。ここまでは、まさに『ジュラシック・パーク』的な舞台設定にゾンビを無理やり放り込んだだけのように見える。ところが、本作は、それだけでは終わらない展開を用意していた。筆者も本作を視聴していて、ふと疑問に思った。「ゾンビは新しく作り出されるはずがないのに、どうしてこの『リゾート』にはずっとゾンビがい続けているのだろうか」という点だ。実はこれが、本作をただのパクリB級映画で終わらせず、社会問題に批判的に切り込む作品にしている。

いわゆる「ネタバレ」になるが、実は、「リゾート」のゾンビは、ゾンビ・ハザード後に作り出されたものだった。この世界では、ゾンビ・ハザード後に移民が社会問題化していた。その移民を新たにゾンビにして、しかも、エイジング処理まで施して古いゾンビのように見せかけ、「リゾート」にゾンビを供給していたのである。表舞台はきらびやかなテーマパークやリゾート施設が、誰かの犠牲の上に成り立っているという構造は、現実社会でも見られる。どう考えてもふざけているとしか思えない設定の映画の中にも、このような隠れた名作がある。パッケージや宣伝文句だけで判断してはいけないのだ。

3．ゾンビとゲーム　―デジタルゲームとアナログゲーム

『バイオハザード』をはじめとしたゲームメディアにゾンビが描かれたことは、ゾンビ・コンテンツ史上重要な出来事であった。そもそも、ゾンビ・コンテンツは全般的に「ゲーム」的な要素が強い。「ゾンビ化」という新たな「ルール」が導入された世界の中で、人間は（あるいはゾンビは）いかに行動するかが描かれるからだ。たとえば、ゾンビに嚙まれると体に不調をきたし、最終的にはゾンビ化が感染してしまうことから、嚙まれないようにせねばならない。ゾンビは脳を破壊しない限り動き続けることから、頭から下の部分を攻撃してもなかなか倒せないが、頭を狙えば容易《たやす》く倒せる。このように、ゾンビの出現およびその拡散によって、ゲームのルールや決まり事のような設定が生まれていく。ゾンビはゲームと相性が良い存在だ。

3-1．ゲームというメディアの特性

ゾンビはゲームにさまざまなあり方で登場する。プレイヤーを邪魔する敵キャラクター

として登場するのはもちろんだが、その際にもあり方は単一ではない。さらに、場合によってはプレイヤーがゾンビを操作するものや、ゾンビを育てるものまで出てきている。ゲームは、プレイヤーがある程度操作可能なメディアであるという特性を持つ。そう考えると、ゲームに描かれるゾンビを分析することによって、人間はゾンビという対象をどのように扱っているのかを明らかにすることができると考えられる。

ゲームに登場するゾンビについてまとめた書籍として『GAMES OF THE LIVING DEAD ゾンビゲーム大全』[10]がある。その中で、水野隆志はゾンビが登場するゲームの歴史を整理し、時代を「アンプラグド時代」と「電脳時代」の二つに区分した。アンプラグドとは、音楽でよく用いられる用語で、電子・電気楽器ではない楽器を用いて演奏することだ。エレキギターではなく、アコースティックギターという具合である。つまり、この時代区分はデジタルゲームより前とデジタルゲーム以降を指している。

当然、デジタル以前とデジタル以降でゾンビとゲームの関係性がすべて変わってしまったわけではない。また、現在でもアンプラグドなゾンビゲームは生まれ続けている。ここでは、水野の二分類を採用しつつ、時代区分については明確に行わずに、さまざまなゲームで、ゾンビがどのような存在として描かれているのかを分析していきたい。また、用語として、基本的にデジタル機器を用いずに行うゲームを「テーブルゲーム」とし、デジタル機器を用いて行うゲームを「デジタルゲーム」として分析を進める。

ゲームは、映画や小説などとは異なり、プレイヤーがプレイ中に、ある程度そのコンテンツの内容を変化させることができる「インタラクティビティ」(相互作用性)を持つメディアだと言えるだろう。絵画や映画は、それを鑑賞している側が、鑑賞している最中にその内容を変化させることは基本的にはできないが、ゲームはプレイヤーが何かをすることによって、ゲームの内容が変わっていく。もちろん、ゲームそのものの内容を変えたり、ルールを逸脱する行為を行ったりすると、それはゲームとして成立しないが、ゲームの範囲内においてプレイヤーは自由にふるまい、プレイされる内容は変化していく。

そもそも、テーブルゲームはプレイヤーがダイスを振ったり、コマを進めたり、発話したりせねばゲームが進まない。その際にプレイヤーが繰り出す手は、ルール等の制約上有限であることも多いが多様ではある。複数人で同時にプレイするようなゲームでは、プレ

10　ホビージャパンムック（二〇〇九）『GAMES OF THE LIVING DEAD ゾンビゲーム大全』ホビージャパン

イヤーが「誰なのか」によっても内容が変わってくる。さらに、場合によってはゲームマスターなる、ゲームを進める役割を担う人がいなければゲームを遊べない場合もある。また、デジタルゲームにおいても、プレイヤーはコンテンツにある程度影響を与えることができる。『僕たちのゲーム史』[11]で提示されたデジタルゲームの定義「ボタンを押すと反応する」もの、というのは非常に明快だ。デジタルゲームは基本的に何らかのボタンを押すことで、画面の何かが反応するものである。

なんとも単純な定義であり、つい、いくつかの要素を入れたくなってしまう。たとえば、定義に「物語が有ること」を持ち込みたくなる。しかし、そうすると、ある種のゲームが除外されてしまうことに気づく。たとえば、スポーツゲームやパズルゲーム、ソリティアなどは物語がなくても成立する。中には、物語の終わりが設定されていないようなゲームもある。『艦隊これくしょん』や『刀剣乱舞』は、擬人化された戦艦である艦娘(かんむす)や、同じく擬人化された刀剣である刀剣男士(とうけんだんし)を収集しながら育成し、敵を倒していくゲームだ。それぞれに設定と物語は準備されているが、ゲーム自体の目的はどちらかと言うと主にキャラクターを収集、育成することにある。

逆に、物語をなぞることが中心のゲームもある。ノベルゲームと呼ばれるもので、ゲーム的な要素としては、選択肢を選択して決定ボタンを押すことで、物語が変化することが挙げられる。しかし、中には、ほぼ分岐がなく、単線で、物語のテキストやイラストを見るためにボタンを押していくものもある。こうしたさまざまなゲームを全て含みこんだ定義として、「ボタンを押すと反応する」もの、は実に最適だと言える。

ゲームで描かれるゾンビを分析することで、プレイヤーは、ダイスを振り、コマを進め、ボタンを押すことで、ゾンビに対してどのような作用をするのかを整理していくことができる。それは、我々がそういったゲームの何に楽しみに感じているのか、を明らかにすることにつながるだろう。

3-2．テーブルゲームのゾンビ

最近では「ゲーム」というと、デジタルゲームをイメージすることが多くなったが、ゲームの中には当然ながら現実空間上の盤を使用する「ボードゲーム」やカードを用いる「カー

11 さやわか（二〇一二）『僕たちのゲーム史』星海社新書

ドゲーム」、鬼ごっこやかくれんぼといった「体を動かして楽しむ遊び」も含まれる。
テーブルゲームには、他にも「アナログゲーム」や「ボードゲーム」という呼び名があり、広く用いられている。テーブルゲームの歴史は古く、増川宏一の『盤上遊戯の世界史』によると、紀元前七〇〇〇年～五五〇〇年頃の遺跡から、遊戯盤と思われる石板が発掘されている。[12]日本でも、七世紀初頭のものと思われる中国の史書に記録が残っている。それによると、囲碁や盤雙六《ばんすごろく》、樗蒲《ちょぼ》（すごろくのような競争ゲーム）などが遊ばれていたという。[13]記録に残っていない時代にも、盤や札を用いた遊びやその原型はあっただろう。徳岡正肇は、テーブルゲームの歴史について、特に現代日本に注目して整理している。[14]
ゾンビがゲームに登場し始めたのは、テーブルゲームからだと考えられる。テーブルゲームの中に、テーブルトークＲＰＧ（ＴＲＰＧ）というジャンルがある。これはその名の通りの対話を重視したロールプレイングゲームであり、決められたルールを元に、ダイスや紙、鉛筆などを使いながら進めていくものだ。ＴＲＰＧの初期作品で大きなインパクトを残したといわれている作品が『ダンジョンズ＆ドラゴンズ』[15]である。このゲームは一九七四年にアメリカでＴＳＲ社から発売された。日本におけるＴＲＰＧブームは、一九八九年の『ソード・ワールドＲＰＧ』によってもたらされたというが、『ダンジョンズ&ドラゴンズ』も日本に渡ってきている。ファンタジーの世界観を持ったゲーム『ダンジョンズ&ドラゴンズ』にも、ゾンビは登場した。TRPGの魅力の一つは、ゲームマスターと呼ばれる役割を担う人が創《つく》り出す世界観を、プレイヤーたちが楽しむことにあるため、ゾンビは、通常の敵キャラクターとは一風変わった存在として、場を盛り上げたのかもしれない。

ゾンビをテーマにした作品もある。『ゾンビーズ!!!』『モール・オブ・ホラー』『ラスト・ナイト・オン・アース』『ゾンビ・タウン』『デッド・オブ・ウィンター』『ゾンビサイド』『ゾンビvsチアリーダーズ』、『ヒット・ザ・ロード』大阪市のEJIN研究所による『MAD AND DEAD』という日本産ゾンビテーブルゲームもある。

こうした作品の中では、ゾンビの性質やゾンビ映画で見られるシチュエーションが明確

12 増川宏一（二〇一〇）『盤上遊戯の世界史 ―シルクロード 遊びの伝播』平凡社
13 増川宏一（二〇一二）『日本遊戯史 ―古代から現代までの遊びと社会』平凡社
14 徳岡正肇（編）（二〇一五）『ゲームの今 ―ゲーム業界を見直す18のキーワード』SBクリエイティブ
15 黒田幸弘（一九八七）『D&Dがよくわかる本 ―ダンジョンズ&ドラゴンズ入門の書』富士見書房

に数値化されている。たとえば、人間キャラクターはダイスを振って出た目の数だけコマを移動できるが、ゾンビは一コマしか移動できないというルールは、ゾンビの動きが遅いことを意味している。あるいは、ゾンビに対して攻撃を仕掛ける際にダイスを振り、出目によって攻撃の当たり外れやダメージが決まる。これは、ゾンビを攻撃した時に、そもそも攻撃が当たらない場合があることや、当たっ

テーブルゲームの歴史

～1970 年代	伝統ゲーム	『囲碁』『将棋』『トランプ』『麻雀』を始めとした伝統ゲームに加えて、『人生ゲーム』のようなボードゲーム。
1970 年代～	ウォーゲーム	アメリカから輸入されたウォー・シミュレーションゲーム。
1980 年代～	TRPG	アメリカから輸入されたテーブルトーク・ロールプレイングゲーム。1989 年に『ソード・ワールド RPG』（グループ SNE/ 富士見書房）が発売されることで、爆発的な人気を得た。
1980 年代～	キャラクターカードゲーム	これまで主にゲーム機能が重視されてきたカードに、キャラクター性を付与したゲーム。1988 年の『モンスターメーカー』（鈴木銀一郎 / 翔企画）がその皮切りとなる。
1995 年～	トレーディングカードゲーム	アメリカから輸入された『マジック・ザ・ギャザリング』(Wizards of the Coast/Hasbro・1995) を中心とし、『ポケモンカードゲーム』（株式会社ポケモン / 任天堂・1996)、『遊☆戯☆王オフィシャルカードゲーム』（コナミデジタルエンタテインメント・1999)、『カードファイト!! ヴァンガード』（ブシロード・2011) など、日本でも大きな成功を得た。
1995 年～	ユーロゲーム	主にドイツで製造・販売されているボードゲームが輸入され、高い評価を得て、一つのジャンルを形成した。『カタンの開拓者たち』が火付け役となった。
2000 年代～	インディ＆ミニマリズム	ユーロゲームが普及し、小規模ながらも自主制作ゲーム市場が生まれたことにより、テーブルゲームにおいてもインディゲームが急激に成長した。またその中で、「可能な限りシンプルなコンポーネントで、面白いゲームを提供する」という動きが、海外からも注目されている。

テーブルゲームの歴史（現代日本）『ゲームの今』P．129の記述を元に表としてまとめたもの

た時にそれが体なのか、頭なのかによってその効果が変わることを表現している。中には、人間側だけでなく、ゾンビ側を操作するものもある。ゾンビの進行速度も種類によって速いものと遅いものがあるなど、工夫が凝らされている。

キャラクターカードゲームやトレーディングカードゲーム（ＴＣＧ）にもゾンビは登場している。また、近年では、こうしたキャラクターカードゲームやトレーディングカードゲームをデジタルで実現したスマートフォン用のゲームも登場しており、ＤＴＣＧ（デジタルトレーディングカードゲーム）とも呼ばれる。たとえば、スクウェア・エニックスによる『デッドマンズ・クルス』[16]は、さまざまな歴史上の偉人や物語世界のキャラクターたちがゾンビ化したものを集めて、それを育成、使役して戦うゲームシステムを取っている。

ゾンビは、目前に現れると、我々に対処を求める存在であり、また、その対処はさまざまな結果を生み出しえるものだと言えよう。そして、コレクションや育成の対象にもなり得ることがわかった。

16　二〇一七年六月二十日にサービス終了。

3-3.『ドラゴンクエスト』と「くさった死体」

ここからはデジタルゲームのゾンビについて見ていこう。電子的なゲームが一般に広く知られるようになったのは、一九八三年に発売された「ファミリーコンピュータ」の大ヒットによるところが大きいだろう。アーケードゲームや家庭用ゲーム機でゾンビが活躍しはじめる。たとえば、『魔界村』（一九八五年）や『スプラッターハウス』（一九八八年）といったアクションゲームに、序盤の弱い敵として登場した。特に、アーケードゲームの場合、あまりに序盤から難易度を高く設定してしまうと、継続してプレイしてもらうことができず、収益につながらない。その点も、ゾンビであれば、「動きが遅い」という特性を持つため、最適なキャラクターと言えるのだ。

また、ゾンビゲームの歴史についてまとめた水野隆志は、ゾンビをはじめとする生ける屍《しかばね》がゲームに描かれることが多かった理由として「わかりやすさ」を挙げている。[17] 一九八〇年代の日本では、今ほど西洋風のファンタジー世界についての知識を持つ人が少なかったことを指摘し、「動く死体」であるゾンビは、当時のスプラッター・ホラーブームもあり、そのイメージのしやすさから、さまざまなゲームに登場したという。デジタルゲームのRPGと言えば、現在でもシリーズが継続しており、新作が発売されている人気シリーズ『ドラゴンクエスト』や『ファイナルファンタジー』を思い浮かべる人が多いだろう。その『ドラゴンクエスト』は任天堂のゲームハード「ファミリーコンピュータ」のソフトとしてエニックスから一九八六年に発売された作品だ。シリーズ三作目の『ドラゴンクエストⅢ』は発売時に行列ができ、社会現象にもなった。TRPGのいわばデジタルゲーム版と言うことができ、ゲームマスターの役割をコンピュータが担ったため、一人でRPGを遊ぶことができるようになった。この大ヒットRPG『ドラゴンクエスト』にも、ゾンビが登場する。

一九八六年の『ドラゴンクエスト』発売から二十五周年を記念して発行された『ドラゴンクエスト25th アニバーサリー モンスター大図鑑』[18]を見てみよう。本書にはシリーズに登場したモンスターが掲載されている。収録作品は、『ドラゴンクエスト』から『ドラゴンクエストⅨ 星空の守り人』（二〇〇九年）までのメインシリーズはもちろん、派生作品

17 ホビージャパンムック（二〇〇九）『GAMES OF THE LIVING DEAD ゾンビゲーム大全』ホビージャパン
18 スクウェア・エニックス（二〇一一）『ドラゴンクエスト25th アニバーサリー モンスター大図鑑』スクウェア・エニックス

シリーズも含め、全三十四作品におよび、約一六〇〇種類のモンスターが紹介されている。

『ドラゴンクエスト』シリーズにおいて、ゾンビをモチーフにしたモンスターは「くさった死体」だ。『モンスター大図鑑』では、「スライム」「ドラキー」「メタルスライム」に続いて四番目に紹介されている。約一六〇〇種類中の四番目というだけで、ドラゴンクエストシリーズの中でどれだけよく登場するモンスターかということはわかるのだが、比較対象がなくては全体の中での位置がわかりにくい。おそらく、ドラゴンクエストシリーズにおいてもっとも有名なモンスターは「スライム」であろう。実際、『モンスター大図鑑』の装丁も随所にスライムがあしらわれている。この「スライム」は、シリーズ中二十九作品に登場している。それでは「くさった死体」はというとシリーズ中二十四作品に登場する。「ゾンビ」という名前のモンスターはいないが、「くさった死体」や、色違いの「グール」「リビングデッド」は明らかにゾンビだ。デジタルゲームＲＰＧの代名詞ともいえるドラゴンクエストシリーズにもゾンビは登場し、活躍しているのである。

ゲーム『ドラゴンクエスト』に登場するモンスター「くさった死体」のフィギュア（著者私物）

『ドラゴンクエスト』に代表されるRPGでは、基本的にはプレイヤーのターンと敵キャラクターのターンが分かれている。現実場面での戦闘や闘争とは異なり、こちらが行動を決定し、入力するまで敵キャラクターは行動を起こさない。こうしたゲームシステムの中でゾンビを登場させた場合、ゲームの中でどのような役割を持つだろうか。「くさった死体」について分析してみよう。

『モンスター大図鑑』のキャラクター説明を見てみると、以下のように書かれている。

邪悪な魂が宿って動き出した死体。くさっているからか、体内には毒がたくわえられており、くさった死体にひっかかれたり息を吹きかけられると毒に冒《おか》されてしまうことも。また、『DQV』では舌でなめまわしてきたり、『トルネコ』シリーズでは盾をサビさせる液体を吐いたりと、冒険者を弱らせる攻撃も得意。ゾンビだけにしぶとく、仲間を呼んだりすることもあるので、旅になれない冒険者は苦しめられる。

また、そのほか「くさった死体」の説明ページには「HPのわりに守備力は低め」「もう死んでるからザラキは効かないよ」などと書かれている。

ＨＰとはヒットポイントの略で、ＲＰＧでは一般的に使用される単位だ。ＨＰは、そのキャラクターの体力を指し、通常、この体力（ＨＰ）がゼロになるとそのキャラクターは死亡、あるいは行動不能に陥ってしまう。つまり、「くさった死体」のステータスは、体力数値が高いが、守備力の数値は低いということだ。これは、攻撃が当たりやすく損傷しやすいが、なかなか行動不能に陥らない「ゾンビ」の性質をうまく数値化している。

次に、ザラキとは、ドラゴンクエストの世界の魔法の名称であり、唱えると一定確率で相手を死亡させる呪文である。「くさった死体」はすでに死んでいるので、殺人の呪文の効果がないというわけだ。ＲＰＧにおいて、キャラクターを一瞬で死亡させる呪文はプレイヤーにとって極めて恐ろしい効果を持っていると言える。それというのも、ルール上、プレイヤーが操作するキャラクターのＨＰがすべてゼロになるとゲームオーバーになるため、プレイヤーは経験値をためてレベルを上げることで、ＨＰの最大値を上げたり、アイテムや魔法によって減少したＨＰを回復させたりしてプレイを続ける。あるいは、レベルの上昇や道具の使用によって防御力を上げたり、素早さを高めて、相手からの攻撃によって受けるダメージ数値を減らしたり、攻撃を無効化したりして対処する。レベルを上げるために敵キャラクターとの戦闘を繰り返して経験値を積み、金銭を手に入れてより強い防具や道具を購入するのだ。

敵キャラクターは、物語が進むにつれてどんどん手ごわくなっていくので、何らかの方法で操作キャラクターは敵のモンスター以上の「強さ」を手に入れないとゲームを先に進めることができなくなる。そのため、RPGをプレイする場合は、この「経験値（や金銭）を稼いでレベル（や装備）を上げる」という行為が必要になることが多く、これには相当時間がかかる。つまり、HPや防御力を上げるために、プレイヤーは時間をかけている。

しかし、ザラキという呪文が効力を発揮すると、いかにHPが高かろうが、どれだけ防御力が高かろうが、一撃で死に至る。こつこつと積み上げてきたものが一瞬にしてゼロになる。これは、先に確認したRPGのゲームシステムを考えた時に、プレイヤーにとってかなり厳しいルールであることがわかるだろう。ところが、この「くさった死体」には、それが無効だというのだ。RPGにおけるファンタジー世界の中でも、ゾンビは「動く死者」であり、その世界のルールをねじまげる特殊な存在として描かれていると言えよう。

通常の敵キャラクターとしての「くさった死体」は、原因こそ「魂」とヴードゥー・ゾンビ的な設定であるが、その他の「死者」「毒」「増殖」「丈夫さ」といったロメロ以降の独立して動き回るスタンドアローン型ゾンビの特徴が色濃く出ている。その一方、エピソードには「記憶をもつくさった死体」が登場する。この原因は「謎の奇病」であるため、スタンドアローン型ゾンビの性質を持ちながら、理性と記憶が戻るというヴードゥー・ゾンビ的な一面も持ち合わせている。このように、ゾンビのさまざまな特性がＲＰＧというゲームシステムの中にも反映されていることがわかる。

3-4. 『バイオハザード』の動くゾンビ

一九九六年にPlayStation用ソフト『バイオハザード』がCAPCOMから発売され、ヒットし、二〇〇〇年代以降のゾンビブームの端緒となったことは、すでに書いた通りだ。これほどの人気を博した『バイオハザード』だが、本作は、ゲーム上でのゾンビの描かれ方を大きく変えるきっかけとなった作品であると考えられる。ＲＰＧにしても、アクションにしても、立体感を持って描かれたゾンビが、リアルタイムで動き、プレイヤーがそれに対処するゲームはこれまでにあまり知られていなかった。これが実現されたのはゲームハードの性能向上があっただろう。ゲームに登場するゾンビはリアルタイムで動き回り、プレイヤーに襲い掛かってくるようになった。また、プレイヤーは、そのゾンビに対して、さまざまな武器を駆使して戦ったり、逃げたりといった現実の対処に近い操作が可能になったのだ。また、『バイオハザード』では、動きの遅いゾンビも登場するが、素早く動く「クリムゾンヘッド」や、ウイルスによってさらに異形化した「リッカー」、人間以外の生物がウイルスや実験によってモンスター化したクリーチャーが登場する。ゲームの難易度を徐々に上げていく上で、こうした存在が必要であったと考えられる。

『バイオハザード』の登場とそのヒットにより、ゾンビだらけの世界の中でサバイバルを行うゲームが多数発売され、人気を博した。ゲームハードの性能はさらに上がり、一画面に登場するゾンビの多さも増え、また、同時に複数人でプレイすることができるようなものも出始めた。さらに、ゲームハードにインターネットに接続する機能が搭載されたことで、ネットワークを通じて別の場所にいる人々が同時に同じゲーム世界を体験することができるようにもなった。『バイオハザード』後には、『デッド・ライジング』『Left 4 Dead』『お姉チャンバラ』『ロリポップチェーンソー』『デッド・アイランド』『The Last of Us』といった、ゾンビ・ハザードが起こった世界でキャラクターを操作するものが数多く発売され、人気を博した。

ゾンビは、数値や設定、ビジュアルのみならず、「動き」も伴って向かってくるようになった。それに対して、プレイヤーもまた、ダイスを振ったり何かを選択するといった結果を導くための間接的な動作ではなく、リアルタイムで対処する操作が可能になった。

3-5．頭を狙え！ キーボードを叩け!!

ゾンビを的にしたシューティングゲームが登場する。こうしたゲームで重要なのは、「ヘッドショット」という要素だ。たとえば、前述のドラゴンクエストなどでは、攻撃の際、敵のどの部分を狙うかを選択することはできず、ゾンビの特徴である「頭に攻撃を受けると動きが止まる」というアクションをリアルタイムで再現することは困難だった。そのような状況を変えたのは、セガの『ザ・ハウス・オブ・ザ・デッド』（一九九七）であった。本作は、ゲームセンターに置かれている筐体《きょうたい》ゲームである。銃のようなコントローラーを画面に向け、引き金を引いて、向かってくるゾンビや怪物を撃つ。アーケードのシリーズは四作目まであり、さらに『愛されるより愛シタイ　～THE HOUSE OF THE DEAD EX～』（二〇〇九）なるポップな雰囲気の番外編もある。二〇一八年には新作『ハウス・オブ・ザ・デッド～スカーレットドーン～』が発売された。実写映画化もされており、『ハウス・オブ・ザ・デッド』（二〇〇三）および、『ハウス・オブ・ザ・デッド2』（二〇〇五）の二作がある。本ゲームシリーズの中では、特に『ザ・ハウス・オブ・ザ・デッド2』（一九九八）

の人気が高かった。

『日本デジタルゲーム産業史』[19]によると、アーケードゲームをデザインする際には、初心者プレイヤーのプレイ時間が三分程度になるようにするという。それは、プレイヤーに、プレイ料金を「もったいなかった」と思わせない程度にプレイを楽しませ、さらにお金をかけて挑戦したくなる程度に満足させることができるからであり、三分という時間は、可能な限り客の回転を高めることを考えた最適な長さと考えられているのだそうだ。そうすると、ゾンビは、アーケードゲームにはもってこいの存在であると言えよう。ゾンビ自体の動きの速さ、そして、一体ごとの耐久力、個体の量によって、難易度を調整できるからだ。また、ゾンビという人間のいくつかの能力が劣化した存在であることは、「もう少しでクリアできたかもしれない」とプレイヤーに思わせるのにも一役買うだろう。[20]アーケードゲームのデザイン的な観点からも、ゾンビは最適な特質を備えているのだ。

『ザ・ハウス・オブ・ザ・デッド』の開発者によると、本シリーズは、作品を追うごとに

19 小山友介（二〇一六）『日本デジタルゲーム産業史―ファミコン以前からスマホゲームまで』人文書院

20 ただし、ボスキャラクターは強そうであることが多いので、この点は当てはまらない。

マシンスペックが上がっていき、一画面中に数少なく素早いゾンビが出てくるものから、ゆっくりとこちらに近づいてくる大量のゾンビが登場するものへ変化したという。[21]このゾンビのスピードの変化は、第二章で確認した映画のゾンビとは逆であり、興味深い。こうした、「ゾンビを銃で撃つ」という、ゾンビ映画の世界では当たり前のように描写されてきた行動を、プレイヤーがその身体動作としても行うことが可能になったことは、ゾンビ映画の世界の臨場感をより味わえることにつながった。

さらに、『ザ・ハウス・オブ・ザ・デッド』のグラフィックを用いた別ジャンルのゲームも登場した。『ザ・タイピング・オブ・ザ・デッド』(二〇〇〇年)である。本作は、タイピングゲームだ。タイピングゲームとは、パーソナルコンピュータを操作する際に用いるキーボードの入力操作の練習用ゲームのことである。『ザ・タイピング・オブ・ザ・デッド』は、主に『ザ・ハウス・オブ・ザ・デッド2』に登場するゾンビやクリーチャーのビジュアルの前面に表示された文字や文を、制限時間内にキーボード入力して倒すゲームである。ゲームセンターの筐体にはキーボードが設置され、プレイヤーはキーボードを打鍵してゾンビを倒す。『ザ・ハウス・オブ・ザ・デッド』が、銃のトリガーを引く、という、直感的な操作であったのとは対照的に、キーボードで言葉を打ち込む、という、ゾンビに対して行う現実的な動作とは言い難い行為でゾンビを倒すゲームとなっている。グラフィック上はゾンビがこちらに襲い掛かってきて襲われる前に打鍵せねばならず、強い緊張感があった。また、キーボードという、本来はテキストやコマンドを打ち込んで、コンピュータを操作するために作られたインターフェースをゲームのコントローラーとして用いており、この点も興味深い。

パーソナルコンピュータの普及が進み、それなりに多くの人がキーボードを打鍵してテキストを打ち込むことに習熟していないと、本ゲームは難易度が高すぎて簡単には遊ぶことができないゲームになっただろう。ゲームは、ほかのメディアの発展、普及状況とも分かちがたく結びついていることがよくわかる例だ。

3-6. 待っててください！今助けますから!!

ゾンビが蔓延した世界で、生存者を救出するゲームもある。『THE ゾンビ vs 救急車』

21 ホビージャパンムック（二〇〇九）『GAMES OF THE LIVING DEAD ゾンビゲーム大全』ホビージャパン

はその一つだ。プレイヤーが操作する主人公は「新興都市サンライトシティに住む医大生の青年」である。突然の大地震が起こったあと、ゾンビ・ハザードが起こり、彼は生き残った人々を救うべく救急車に乗り込み、街を探索する。救急車は改造が可能で、ゾンビにぶつけて攻撃することができる。煽《あお》り文句は「ホラーとドライブゲームのコラボレーションが奏でる恐怖の多重奏にキミは耐えられるか?」とある。

こうした設定のゲームにゾンビが用いられているのは、人間を対象にしてしまうとレーティングの問題が出てくるからでもあるだろう。どのような物語や設定にしても、人間を跳ね飛ばしながら自動車で疾走するゲームを全年齢に遊べるようにするのは難しい。また、本ゲームが面白いのは、救出した生存者も、病院に収容できずに長時間救急車内に残しているとと死亡してしまい、救急車の中でゾンビ化して、プレイを妨害してくる点だ。ゾンビ・ハザード下の世界では、人間は救うべき対象でありながらリスクでもある。ゾンビが元々人間であることをうまく使ったルールだ。

一方、救出系ゾンビゲームの中で、ゾンビは倒すことができない障害物として扱われているものもある。『The Last Guy』は、ゾンビが徘徊《はいかい》する世界で、街に取り残された人々を救い出しに行くゲームだ。Google Earth のような、実在の町を俯瞰《ふかん》した衛星写真をステージにして、屋内で救助を待つ人々を助けて安全地帯まで引き連れていくゲームである。生存者がいる建物の入り口付近に行くと、生存者を自動的に救出でき、救出された生存者は、主人公が操るキャラクターであるラストガイの後ろに並ぶ。生存者が増えていくと二〇〇〇人を超える大行列になることもある。ステージをクリアするには、決められた数以上の人数を安全地帯まで送り届けなければならない。

ステージ上には、凡ゾンビ、ゾンビ走り虫、触手ゾンビ、バッファローゾンビなど、プレイヤーの邪魔をするさまざまな特徴を持ったゾンビが点在している。ラストガイが、これらのゾンビに触れると即ゲームオーバーだ。行列がこれらのゾンビに触れると、ゾンビが触れたところから後ろの行列は瓦解《がかい》し、生存者は近くの建物の中に散らばって隠れてしまう。行列が長くなると、当然コントロールは難しくなり、ゾンビに接触するリスクが高くなる。とはいえ、一定数以上の人数を制限時間内に救助せねばならず、また、高得点を狙うなら、できるだけ多くの人数で行列を作らなければならず、行列は長くなる。このようなジレンマを含んだゲームシステムなのだ。ここでも、ゾンビ・ハザード下においては、人間は救うべき目標でもありプレイヤーのリスクを高くする対象となっている。

ここでは、ゾンビの両義性が確認できた。ゾンビは、体のいいやられ役であり、銃で撃たれたり、救急車に轢《ひ》き殺されてしまったりする。とはいえ、ゾンビも何もしないわけではない、放っておくと攻撃を加えてくる。また、ゾンビは人間が変化して出現するものでもあるため、登場する人間は、ゲームの目標にもなり、リスクにもなる。そして、一方で、人間とはまったく異なる存在として出て来て、こちらからのどのようなアクションも受け付けない障害物として描かれることもあった。

『テラリア』や『マインクラフト』というゲームの中にも、ゾンビが敵キャラクターとして登場する。これらのゲームは、プレイの自由度が高く、『スーパーマリオ』や『ドラゴンクエスト』などのように、ステージやストーリーを進めていく必要もない。

『マインクラフト』とゾンビには面白い関係がある。福岡県の糟屋《かすや》郡志免《しめ》町に、志免鉱業所竪坑櫓という遺構がある。国の重要文化財に指定されたこの建造物は、アニメ『スケッチブック ~full color's~』やマンガ『武装錬金』に背景として描かれた。『スケッチブック』の背景に描かれた志免鉱業所竪坑櫓が、「Anti Zombie Fortress」(対ゾンビ要塞)として、二〇一一年ごろ海外の掲示板で人気を博す。さまざまなコラージュ画像が出回り、ゲーム『マインクラフト』の中では、志免鉱業所竪坑櫓を再現する人が現れた。虚構空間や情報空間を経ることによって、建物が元の文脈や用途から離れてコンテンツ化した例として、興味深い。

ほかにも、さまざまなメディアのゲームにゾンビは登場している。コンピュータゲームで、植物を植えてゾンビを撃退するタワーディフェンスゲーム『Plants vs. Zombies』(PopCap)。ウェブブラウザ用のゲームとしては、『感染×少女』(AGE)が挙げられる。ゾンビ・ハザード下でゾンビに戦いを挑む少女たちを描いたアドベンチャーRPGだ。スマートフォン用アプリゲームでもゾンビをテーマにしたものが出ている。『デッドマンズ・クルス』(スクウェア・エニックス)はゾンビカードバトルRPG、『崩壊学園』(miHoYo)は爽快横スクロールシューティングゲーム、といった具合にさまざまなメディア、さまざまなゲームシステムにゾンビが登場している。

ゾンビは被害者にも加害者にもなり、弱くも強くもなる。また、多様なメディアやコンテンツに対応したあり方で活用されていた。このように立場を変え、能力を変え、さまざまな役割を果たすことができる存在なのである。

3-7. メディア・コンテンツ決定論の危うさ

ゾンビゲームは、ゲームが人々に悪影響を及ぼすと言われる時に、格好の材料となってしまうことが多い。たとえば、前述したゾンビを車で轢く、ということについても例外ではない。米国では、一九七六年に発売されたアーケードゲームの『デス・レース』で、「ゾンビを車で轢き殺す」表現が残酷だと問題になったという。[22] ほかにも、書籍『ゲームと犯罪と子どもたち』[23]の中には次のようなエピソードが紹介されている。ロシアのモスクワでは、二〇〇六年一月十一日に酒に酔った二十歳の男が、ナイフを振り回して八人に怪我を負わせたが、そのことについて『プラウダ』という新聞は以下のように伝えた。

「アレクサンドル・コプツェフは、家を出てモスクワ中心部のシナゴーグへ向かう前に、「ポスタル2」というゲームをしていた。このゲームは、登場人物が街の通りで、できるだけたくさんの人を殺すよう設定されている……。この青年をゾンビにしたのは、彼がプレイしていたゲームである。彼は破壊と殺人を行うようプログラムされてしまった。最近まで、こうした精神障害は空想小説や物語にしか登場しないはずだった。しかし、コンピューターゲーム依存症の人々は、しばしばいわゆるゲームてんかん症候群に苦しんでいる。…（中略）…このゲーム症候群をわずらうと、いとも簡単に台所の料理包丁をつかみ、仮想現実を離れ、現実の犠牲者を探すようになる。」

この記事では、比喩的に「青年をゾンビにした」と書かれており、その原因がゲームだとしている。『ゲームと犯罪と子どもたち』によると、この記事には間違いがあり、コプッェフはモスクワ警察で自供した際に一切ゲームのことには触れていないのだという。この事件自体の真相はわからないが、同様の事例は日本でも見られる。一九八九年の連続幼女誘拐殺人事件や二〇〇八年に起きた秋葉原通り魔事件においては、犯行の要因としてさまざまなコンテンツがマス・メディアによって挙げられていた。

二〇二〇年三月現在の日本社会では、デジタルゲームに対して、真逆とも思える二つの見方が同時に向けられている。一つは、たとえばeスポーツの可能性についてだ。一般社団法人日本eスポーツ連合(JeSU)によると、「eスポーツ(esports)」とは、「エレクトロニック・スポーツ」の略で、広義には、電子機器を用いて行う娯楽、競技、スポーツ全般を指す言葉であり、コンピューターゲーム、ビデオゲームを使った対戦をスポーツ競技として

22 小山友介(二〇一六)『日本デジタルゲーム産業史 ―ファミコン以前からスマホゲームまで』人文書院
23 ローレンス・カトナー、シェリル・K・オルソン(著)、鈴木南日子(訳)『ゲームと犯罪と子どもたち ―ハーバード大学医学部の大規模調査より』インプレス

捉える際の名称。」と説明されている。[24] 日本でeスポーツが注目を集め始めたのはここ最近のことだ。一般社団法人日本eスポーツ連合が二〇一八年に発足し、同年、「eスポーツ」はユーキャン新語・流行語大賞のベストテンにも選ばれた。二〇一八年には、ほかにもジャカルタで開かれた第十八回アジア競技大会でデモンストレーションとして競技となったり、五〇〇〇人以上の参加者が集まった対戦格闘ゲームイベント「EVO Japan」が開催され、「全国高校eスポーツ選手権」も行われた。[25]

その一方で、ゲームプレイを制限しようとする動きもある。二〇二〇年四月一日に施行された「香川県ネット・ゲーム依存症対策条例」がそうだ。この背景には、二〇一九年五月二十五日に世界保健機関（WHO）が、「ゲーム障害（Gaming disorder）」を国際疾病として認定したことが挙げられる。また、こうした動きを受けて二〇二〇年二月六日には、厚生労働省が「ゲーム依存症対策関係者連絡会議」を開いた。この会議には、内閣府や消費者庁、文部科学省、経済産業省といった国の機関や、日本医師会、日本精神科病院協会等の医療関係の団体、そして、日本オンラインゲーム協会、日本eスポーツ連合といった業界団体が参加した。

このような「まなざし」を注がれているデジタルゲームだが、ここからは、ゲームがプレイヤーに与える影響について考えてみたい。さまざまなメディアの中でも、特に、テレビゲームの場合は、テレビや映画とは異なる特徴を持っている。プレイヤー自身の操作によって画面内のキャラクターを動かすことができる相互作用性を持つ点や、暴力的なゲームの場合、その暴力行為に対して点数がつくなどして報酬が与えられる点などだ。[26]

たとえば、「テレビゲームのレーティングに関する事例的研究」[27]という論文では、二〇〇六年六月に開始されたテレビゲームのレーティングの年齢区分であるZ区分（十八歳以上のみ対象）に該当するテレビゲームが、ほかのゲームと比べて、実際に心理的な影響に差があるのかについて実験を行っている。その際の実験刺激の中に、ゾンビに関連するゲームが含まれている。Z区分に該当する『グランド・セフト・オート』（カーアクション系）、『SIMPLE 2000シリーズ Vol.61 THE お姉チャンバラ』（剣劇アクション系）、『キラー7』（ガンアクション系）と、ゲームシステムは類似しているがZ区分ではない『クレイジータクシー』（カーアクション系）、『鬼武者3』（剣劇アクション系）、『バイオハザー

24「一般社団法人 日本eスポーツ連合オフィシャルサイト」https://jesu.or.jp/
25 岡安学（二〇一九）『みんなが知りたかった最新eスポーツの教科書』秀和システム

ド４』（ガンアクション系）を比較している。結果としては、Ｚ区分に該当するゲームのほうが、Ｚ区分指定以外のゲームに比べて、「怒り‐敵意」「疲労」得点の増大に有意差が見られ、「緊張‐不安」「抑うつ‐落込み」「混乱」得点に増大傾向が見られた。その結果から、攻撃的思考や不快感情思考が活性化されたとし、Ｚ区分指定が心理学的にも妥当であると結論づけている。

ただ、注意しておきたいのは、この研究は、この結果をもって「Ｚ区分のゲームをなくすべき」という主張はしていないことだ。実験結果で不快感をもたらすとされたゲームは、実社会では必ずしも敬遠されているわけではなく、むしろヒットしているものもあることから、「人を惹《ひ》きつける何かをもっているのだろう」と述べている。加えて、実験の限界点として、「テレビゲームプレイ直後の心理的影響」を調べたものであり、長期間にわたってプレイする場合の心理的影響、プレイ前の心理状態の影響、などについては今後の課題となると指摘している。本書においても、このゾンビ・コンテンツが持つ「人を惹きつける何か」とは何か、ということは中心的な問題として捉えている。これらの研究は、まだ多くの課題が残されている研究群だ。どのようなゲームが、誰に対して、どのような影響を、どの程度、どれくらいの期間でおよぼすのか、ということについて、今後も詳細かつ慎重な議論が積み重ねられるべきであろう。

新しいメディア、新しいコンテンツに対する警戒心はいつの時代にもある。これまで言われてきたメディアやコンテンツに対する悪影響論がすべて真実だとすれば、現代の人間は全員頭が悪く、凶悪で、殺人や喧嘩《けんか》ばかり起こしていることになる。しかし、現実にそうだろうか？　さまざまな事件のニュースがメディアでよく流されるため、ついそのようなイメージを抱いてしまうかもしれないが、自分の周りを見渡せば、そんな人々ばかりではないことなどすぐにわかる。確かにメディアは人々の行動に影響を与える。インターネットや携帯電話がなかった時代には起こりえなかった行動を、今我々はとっている。そうした影響をつぶさに研究していくことそれ自体は重要だが、メディアやコンテンツの影響力をあまりに単純に理解してはいけない。ある技術が原因となって社会や人間を変化させたとする主張を「技術決定論」と言うが、過度な技術決定論は危険なのだ。

26 坂元章（二〇〇〇）「VRゲームが攻撃性に及ぼす影響」舘暲（監修）、伊福部達（編）『人工現実感の評価　―VRの生理・心理・社会的影響』培風館、pp.119-128

27 山下利之・Eibo Ahmad（二〇〇七）「テレビゲームのレーティングに関する事例的研究」『人間工学』43（5）、pp.277-281

事件を起こすに至るまでには、メディアやコンテンツのみではなく、個人を取り巻く家庭環境や社会環境など複数の要因が関連していると考えるほうが妥当だろう。メディア・バッシング、コンテンツ・バッシングの前提として、これらの力を過剰に強く見積もり過ぎているのではないだろうか。いわば「メディア・コンテンツ決定論」とでも言うべき発想は、「原因を素早く特定したい」という心理を納得させる上では役に立つかもしれないが、それでは本当の意味で問題を解決したことにならない。メディアやコンテンツ、そして、その愛好者に全ての罪をかぶせ、表面的な特徴だけを捉えて、廃止にせよ、規制をせよと声を大きく張り上げるのではなく、そして、制作側も「表現の自由」のみを振りかざして抵抗するのではなく、メディア・コンテンツのさまざまな見方を考えたり、それらを体験することによって、よりよく生きるためにはどうするのが最適なのか、そういったことを考え、ディスカッションしたほうが、問題の解決のためには建設的だ。

大衆文化に見られる暴力描写を中心に研究を行ってきたハロルド・シェクター博士（ニューヨーク市クイーンズカレッジの英語教授）は印象深い言葉を残している。[28]

「いまから50年後の親たちは、ホログラフィーのゾンビの頭を噴き飛ばし、実際に返り血を体感できるバーチャルリアリティーの銃乱射ゲームをする子どもに、ガミガミと小言を言い、「バイオハザード」や「グランド・セフト・オート」など、害のないマンガのような娯楽を楽しんでいた、のどかな2004年ごろの暮らしをうらやむに違いない。最新の娯楽は、過去に例を見ないほどの刺激とリアルな暴力シーンを提供しているが、いま振り返ると、過去の大衆文化はどれも無害で古くさく見える」

二〇二〇年現在、バーチャルリアリティ（仮想現実）技術が注目を集め、さまざまな実践がなされている。実際に、家庭用ゲーム機PlayStation4の付属システムとしてバーチャルリアリティが体験できるPlayStation VRが、二〇一六年十月十三日に発売された。『バイオハザード』シリーズの『BIOHAZARD 7』は、本機に対応したソフトとして、二〇一七年一月二十六日に発売された。筆者は本作をプレイしてみたが、かなりの臨場感を味わうことができた。これらのことを考えると、シェクター博士が予想した現実は、もっ

28 ローレンス・カトナー、シェリル・K・オルソン（著）、鈴木南日子（訳）『ゲームと犯罪と子どもたち　―ハーバード大学医学部の大規模調査より』インプレス

と早く訪れるかもしれない。

これまで、どのようなメディアやコンテンツにも、「期待」と「不安」のまなざしが向けられてきた。新しいものに対して、慌ててメディア・コンテンツ決定論的な審判を下してしまったり、「善か悪か」といった極端な二元論に終始したりしてしまわずに、その影響力を子細に検討し、付き合い方を考える必要がある。そうした態度こそが、メディアやコンテンツと適切に付き合う力である「メディア・リテラシー」や「コンテンツ・リテラシー」を涵養《かんよう》することにつながるだろう。

ここまで、ゾンビのゲームにおける役割を見て来たが、ゾンビはさまざまな役割を担ってくれる存在であることがわかった。我々がゾンビをどのように扱うのか、それは、我々が「他者」をどう扱うのかを浮き彫りにしてくれる。ゾンビは、人間の写し鏡として、常に隣にたたずんでいるような存在と言えるだろう。

4. スマートフォンとゾンビ　―広大なネットをさまよう

4-1. スマートフォンとゾンビ

今やアフリカに住むマサイ族もスマートフォンを日常的に使用しており、インターネットは地球上の多くの人が利用している。インターネットはさまざまなメディア産業とかかわり、既存の産業のあり方や、メディア・コンテンツのあり方が変更を迫られている。たとえばマンガだ。無料のウェブマンガにもゾンビ・コンテンツがある。たとえば、『On the way to Living Dead』（作：北大路みみ）は、無料でマンガや小説が読める「comico」というサービスで連載されているウェブマンガだ。通常の冊子体のマンガでは、ページ内のコマ割りがあるが、ウェブ版では、縦にスクロールさせて読むため、表現のあり方が異なっている。あるいは、SNSの「Twitter」をメディアとして、連載されている『MACHIDA DEAD』（作：今田隆治）というマンガ作品もある。

近年のゾンビ・コンテンツでは、インターネットやスマートフォンがよく描かれている。『サバイバル・オブ・ザ・デッ

Twitterにて発表しているゾンビマンガ「MACHIDA DEAD」（@MachidaDead）。東京都町田市がゾンビの世界になるまでを描いている。

ド』には動画投稿サイト、『インド・オブ・ザ・デッド』にはFacebookが登場するし、『ゾンビーバー』（監督：ジョーダン・ルービン）でも、携帯電話やスマートフォンが印象的に用いられる。本作は、汚染廃棄物に触れた野生のビーバーがゾンビーバーと化して、湖畔のロッジに遊びに来た大学生の男女に襲い掛かるというものだ。噛みつかれた人間は、ゾンビになる、かと思いきや、前歯が発達し尻尾が生えた「ゾンビーバー人間」に変異し、やはり人間を襲う。ゾンビとビーバーを掛け合わせているのは珍しいが、湖畔や山奥のロッジに若者集団が訪れて災難に遭うというのはホラー映画でよくある設定だ。本作は、ゾンビーバーをマペットを使って撮影しており、どちらかと言うとギャグ要素が強い映画である。本作では冒頭に、トラックで何かを運んでいる二人の男性が映し出される。スマホに夢中のドライバーは前方不注意でシカとぶつかってしまう。その衝撃で積み荷のドラム缶が川に脱落し、それが流れ着いた先のビーバーが凶暴なゾンビーバーとなる。そうとは知らず、メアリー、ジェン、ゾーイの女子大学生三人組が湖畔のロッジで休暇を過ごそうとやってくる。そこは、携帯電話の電波の届かない田舎であり、ゾーイは電波が通じないことに怒り出す。その後、メアリーの恋人トミー、ゾーイの恋人バック、ジェンの恋人サムが押しかけて来て、ゾンビーバーに襲われる。唯一生き残ったゾーイが、走行するトラックを見て車道に出て手を振る。ところが、そのトラックを運転していたのは、冒頭にシカを轢いた運転手たちであった。またもやスマホに夢中な運転手はゾーイに気づかず……。全編にわたってスマートフォンに気を取られ過ぎている人々を皮肉っている。

具体的に見ていくと、トラックの運転手は、いわゆる「ながらスマホ」によって重大な事故を起こす。現実社会でも、「歩きスマホ」が問題になっている。歩きながら、あるいは自転車やバイク、自動車に乗りながらスマートフォンを見る行為である。移動中にもスマートフォンから目を離せない人間は、情報に対する過度な集中という意味では、ある種のゾンビなのかもしれない。実際、ながらスマホをしながら歩く人々がふらふらとゾンビのような歩き方になるためスマートフォンとゾンビを合わせた「スモンビ（smombie）」という言葉も生み出された。日本では、スマートフォンやカーナビ等を操作しながら、あるいは、携帯電話で通話しながらの自動車の運転「ながら運転」によって、悲惨な死亡事故が複数起こり、その結果、二〇一九年十二月の改正道路交通法により、厳罰化がなされた。では、電波が通じずに怒り出す学生はどうだろうか。スマートフォンによって、インターネットへの接続や知り合いとの通話がいつでもどこでも可能になった一方、そうした環境がなくなることに対する苛立《いらだ》ちや、そうした環境への依存が見られるようになってきた。これらは極端になると、「ネット依存症」、「スマホ依存症」と呼ばれ、社会生活に支障をきたすレベルになってしまう人々も出てきている。

マンガ『インフェクション』（作：及川徹）では、人々が持つ携帯電話のGPS機能を用いて、個人の居場所を特定するシステムが登場する。このシステムが面白いのは、保菌者（ゾンビ）と生者を「一定期間操作されていない」などのいくつかの条件で区別することだ。そのおかげで、主人公グループには救助の手が差し伸べられる。とはいえ、これは考えてみれば不気味なことでもある。現実世界でもスマートフォンにはGPS機能がついており、マップなどでは、自分の位置を確認しながら、目的の場所に向かうことができるが、これは実は画期的なことだ。これまで、どこか未知の場所に正確に向かうには、伝聞で聞いたり、誰かに連れて行ってもらったりという方法以外では、地図やマップといったメディアを用いるのが主な方法であった。ところが、GPS機能を搭載したスマホやカーナビにより、マップ上に自分を表すアイコンが現れ、それがリアルタイムに動き、「自分の位置」までがマップ上に示されることになったのである。[29] 非常に便利な機能だが、これは、自分の位置情報がスマートフォンを通じて、読み取られる危険性も内包している。この「監視」の問題は、GPS機能に限ったことではなく、幅広く見られる。[30]

たとえば、ネット通販サイトのAmazonでも見られる。Amazonで購入したり閲覧したりしたものは情報として蓄積され、購入履歴や閲覧履歴から「おすすめ」が表示される。私自身、とても便利に使っているサービスなのだが、これは私が何を閲覧したか、何を購入したかというプライベートな情報がサイトに蓄積され、活用されていることを意味している。あるいは、読者の皆さんも使っているであろうさまざまなアプリの中には、ユーザーの使用データを得ることで収益化が図られている。こうした大量の情報は「ビッグデータ」と呼ばれる。この、ビッグデータは人工知能（AI）によって解析され、人々の消費や行動の傾向が明らかになり、より精緻《せいち》なマーケティング戦略を実行したり、人々の行動を変化させる仕掛けを作り出したりすることができる。それゆえ、この「ビッグデータ」を手に入れられる主体が、社会に対して大きな力を発揮すると言われている。たとえば、

29　こうしたデジタル地図やGPSについては、以下の書籍が参考になる。若林芳樹（二〇一八）『地図の進化論——地理空間情報と人間の未来』創元社
30　デイヴィッド・ライアン（著）、田島泰彦・小笠原みどり（訳）（二〇一一）『監視スタディーズ——「見ること」「見られること」の社会理論』岩波書店

GAFAと総称されるアメリカの企業、Google、Amazon、Facebook、Appleがそうだ。

ゾンビは当初呪術師に操られる存在として描かれ、その後、呪術師などの個人の手を離れ、それぞれが独自に動き回る存在になっていた。『ゾンビ』では、消費社会の象徴であるショッピングモールがゾンビを集めていたが、今や、ゾンビたちはビッグデータを解析するAIによって、それと知らずに操作されているのかもしれない。

4-2. 一人一人が放送局

スマートフォンを多くの人が持つことによって、次のような描写が見られるようになった。『ワールド・ウォーZ』や映画『アイアムアヒーロー』では、ゾンビ・ハザードの様子をスマホで撮影する人々が描かれた。スマートフォンには、カメラおよびビデオ機能が付いている。写真や動画を撮影し、SNSや動画投稿サイトを用いて発信できるようになった。これは、一般の人々が放送機能を持ち始めたことを意味する。

コンビニやファストフード店のアルバイトスタッフが、アイスケースや冷凍庫に入って涼む様子や、食品をおもちゃのように扱う様子などを当人たちがTwitterに投稿し、それが拡散して問題になり、ネット上にアップされたさまざまな情報から、当人たちの顔写真や住所、通っている高校や大学などが割り出され、ネット上に発信されるという事態が起こった。この騒ぎで、閉店に追い込まれた店舗も出てきた。バカッターやバイトテロなどと呼ばれた現象だが、これは、当事者が放送機能を無自覚に持ってしまったことによる事故だったのではないだろうか。一度発信されてしまった情報は、本人がいくら元の情報を消したところで、デジタル情報はコピーされ、拡散し、根絶は困難だ。まるでゾンビのようである。近年、テレビでも、視聴者が撮影した事件や事故、自然現象の映像が盛んに流される。画像、映像を撮影でき、インターネットにも接続できるモバイル・マルチメディア機器であるスマートフォンを多くの人々が手にしたことによって、どこにでもカメラがある状態が出現しているのだ。ロメロ監督の『ダイアリー・オブ・ザ・デッド』では、そうした映像を時折差し挟みながら、ゾンビ・パンデミックを描いて見せている。その続編である『サバイバル・オブ・ザ・デッド』には、動画投稿サイトが登場し、そこにアップされた情報を信じて行動した結果、それがデマであることが判明する描写がある。

YouTubeをはじめとした動画投稿サイトにコンテンツを提供することをビジネスにする人々のことを「ユーチューバー」と言う。人気ユーチューバーともなると、マスメディア並みの発信力を持つ。学研ホールディングスが二〇一八年九月に全国の小学生の男女に実施したアンケート調査によると、将来就きたい職業の第三位に「YouTuber などのネット配信者」が入っている。動画の編集や加工、アップロードを支援するアプリなどが充実してきており、スマートフォン一つあれば、比較的簡単に生中継や動画の制作、投稿が行えるようになっている。そうした動画の内容はさまざまであるが、その中の人気コンテンツの一つが「ゲーム実況」である。特に、「にじさんじプロジェクト」は、人気のバーチャルユーチューバー（Vtuber）を数多く輩出している。[31] Vtuber とは、人間自身が画面に映るのではなく、キャラクターのイラストや3DCGを用いたユーチューバーのことで、「キズナアイ」が有名だ。[32] たとえば、二〇一九年二月九日に投稿された『最初に出てくるゾンビに対する反応まとめ』について見てみよう。この動画は、ゲーム『バイオハザード RE:2』の同一シークエンスを、さまざまな Vtuber がプレイする様子を順番につないだものだ。それぞれのキャラクターによってプレイやコメントが異なり、視聴者はそれらを楽しむ。十三分十八秒のこの動画は、二〇二〇年三月四日の二十一時時点で再生数が一三万一〇三〇になっている。「にじさんじ」の Vtuber が投稿する動画の中には視聴数が数百万回に及ぶものもあり、強い発信力を持っている。

藤田直哉はメディアとゾンビの関係性として、興味深い説を唱えている。ゾンビは、「メディアが衝突する際に活発化し、新たなメディアに乗り移って感染し、増殖する、文化的遺伝子を持った生命体のようなものだ」というのである。[33]フィルムやビデオテープは、ノイズがあったり劣化していったりするものであるから、そこに描かれるゾンビは不潔さや腐食する性質、愚鈍さを持っていた。ところが、ＤＶＤに移行すると劣化やノイズはなくなる。ゲームというメディアでは、その機体性能の向上とともにゾンビの知性が増し、スマホゲームの中に移動したあとは、デフォルメされ、カジュアルに、大量に街にあふれ出るようになったという。[34]コンテンツは、その内容的なあり方について、現実のメディアのあり方から大きな影響を受けているのだ。

31 『にじさんじアーカイブス 2019-2020』KADOKAWA
32 『ユリイカ』二〇一八年七月号　特集 バーチャル YouTuber、青土社
33 藤田直哉（二〇一三）「メディア内存在、ゾンビ ―ゾンビの進化とメディア・テクノロジー」『ユリイカ』二〇一三年二月号 特集ゾンビ、青土社
34 藤田直哉（二〇一三）「メディア内存在、ゾンビ ―ゾンビの進化とメディア・テクノロジー」『ユリイカ』二〇一三年二月号 特集ゾンビ、青土社

5. 価値観の感染爆発（パンデミック）――「他者」とのかかわりを考える

現代的なゾンビの特徴の一つに「感染」がある。ゾンビ的な性質が、噛みつきや接触、体液の飛散などといった原因で生者に伝染していく。ヴードゥー・ゾンビで、呪術師や博士といった主体が、呪術や呪い、手術、薬品などの方法を用いて、一体ずつ作り出していたのとは大きく異なり、ゾンビが自らの持つ「特徴」を自身の力で拡散させていくことになった。このゾンビ的な性質が何らかのコミュニケーションによって、「感染」や「伝染」していくことについては、すでに確認したとおり、二〇〇〇年以降のゾンビ映画で、ゾンビ化の原因としてウイルスが設定に持ち込まれて以降、より盛んになった。「感染」の描写が何を意味し、そしてコンテンツがどのように「感染」していくのか、見てみよう。

5-1. 感染する幽霊

コンテンツと感染の問題を扱った先駆的な研究の一つに、コンテンツにおける「幽霊」の表象を扱ったものがある。幽霊のイメージと言えば、特定の誰かに恨みを抱いて死んだ白装束を着た女性が、夜中にその特定の人物の枕元に現れ、その怨念《おんねん》で相手を呪い殺す、といったものであろう。とはいえ、これだけでは、病原体と強く結びついた「感染」とのかかわりは見いだせない。幽霊の怨念は、どちらかというと場所や人に固定されている。代表的な幽霊である「お菊」が皿を数える「皿屋敷」の話にしても、屋敷の井戸に現れる。逆に、怨念は距離を超えて、うらみの対象である人物に危害を加えることもある。そのような幽霊を、感染と結びつけて考えやすくなった代表的な作品は『リング』（一九九一）であろう。『リング』とは、鈴木光司による小説作品だ。見た人を一週間後に死に至らしめる呪いのビデオテープの謎に迫る主人公が描かれている。小説としては、その後『らせん』『ループ』『バースデイ』など、同様の世界観が描かれ続けた。また、実写映画『リング』『らせん』（監督：中田秀夫）が一九九八年に公開された。本作は大ヒットし、配給収入一〇億円を記録し、Ｊホラーブームを巻き起こした。

『リング』には、「ビデオテープ」というメディアを媒介にして、呪いを伝染させていく貞子という女性の怨霊が登場する。映画版の貞子が衝撃的だったのは、呪いのビデオテープを見てしまった被害者の元に、テレビ画面の中から抜け出して迫るシーンであった。実は、『リング』の物語が進んでいくと、貞子は生前、念写能力を持つ能力者でありながら、日本最後の天然痘患者であったことが明らかになる。貞子は天然痘を患ったまま、殺害され、井戸に投げ捨てられるという悲惨な最期を迎えた。この怨念が、念写能力によってビデオテープに焼き付けられ、天然痘ウイルスの感染性を伴ったという。ビデオテープというメディアの中身はダビングして、コピーされていき、呪いが広がっていく。

以前から、現実社会においても、さまざまなメディアでこうしたメッセージの伝播《でんぱ》自体を目的とした現象が見られた。古くは不幸の手紙、近年ではチェーンメールや、SNS上の流言などである。こうして情報がどんどん拡散していくことが、ウイルスが遺伝情報をコピーしていくことと構造的に類似しているのだ。ビデオテープのダビングは、人の手によって行われるため、別の番組を上から重ねてしまって一部のシーンが欠落したバージョンが生み出されるなど、変化を伴って増殖していく。これも、ウイルスが宿主から宿主に感染していく中で起こす突然変異に見立てられる。一九九〇年前後には、ウイルスや遺伝子操作といった生物学的な知見が要素として含まれたコンテンツが多く作られていった。たとえば、『ゴジラvsビオランテ』（一九八九年）、『ジュラシックパーク』（一九九〇）、『アウトブレイク』（一九九五）、『パラサイト・イヴ』（一九九五）などがそうだ。

幽霊の恨みは、特定の人物に注がれたり、特定の場所にとどまったり、あるいは、物理的な距離を超えることが多いが、この貞子の「呪い」は、ビデオテープというメディアを介して拡散し、映像を見た不特定多数の人々を死に至らしめていく。コンテンツがメディアにのって広がっていくように、「呪い」が広がっていく。その後、Jホラー作品では、さまざまなメディア上の幽霊が登場する。『回路』（二〇〇一）ではインターネットを通して、そして、『着信アリ』（二〇〇四）では携帯電話を通じて、呪いが拡散していく。メディアの発展とともに「呪い」はそのコンテンツとなり、広がっていく。

5-2. 突然変異する都市伝説

女性がウイルスを感染させ、拡散させていくという主題は、貞子が初めてではない。たとえば、現実に起こった出来事である「チフスのメアリー」は代表的だ。一八八〇年代にアメリカ合衆国で家政婦兼料理人をしていたメアリー・マロンは、どこかの段階で腸チフスに感染し、健康保菌者となっていた。その状態で調理を行ったため、数多くの人に腸チフスを感染させてしまう。意図的か非意図的かにかかわらず、一〇人以上に感染を広げていく保菌者のことを「スーパースプレッダー」と呼ぶ。[35] 話はこれでは終わらない。「チフスのメアリー」には、発展形の「都市伝説」があるのだ。それが「エイズのメアリー」である。この「話」には、いくつかのバージョンがあるが、主な話の展開は以下の通りである。

最近、離婚した男がシングルズ・バーへ行き、美しい女性に出会った。彼らは仲良くなり、最後に男の家へ行って一晩中愛し合った。男が翌朝目覚めると、彼女はいなかった。彼はバスルームへ行った。そして鏡を見た。真っ赤な口紅でそこに殴り書きされていたのは、「エイズの世界へようこそ!」というメッセージであった。[36]

エイズを故意に感染させるようにふるまう女性の都市伝説である。この原型になったと思われるものとして、名づけの元ともなっているチフスのメアリーの話や、実際に起こった男性の同性愛者同士でのエイズ感染の事件、そして、作家が書いた話の中にある敵軍に梅毒を広めた娼婦《しょうふ》の女性の話などがあるという。[36] さらに、この「エイズのメアリー」の都市伝説をゾンビ・コンテンツに取り込んだ作品がある。『玉川区役所 OF THE DEAD』だ。

本作では、主人公である赤羽晋市の義理の兄、佐々木尚宏が、子作りのプレッシャーから一度だけ利用した風俗で、野原幸と性的関係を持ってしまう。幸は、実はゾンビ・ウイルスの保菌者であり、関係を持った男たちにウイルスをまき散らしていた。しかも、幸によって感染が拡大したゾンビ・ウイルスは、予防注射が効かず、感染率は一〇〇%、そして、症状の進行が早く、動きの速い新種ゾンビとなる。幸は、男性と関係を持った後、ルージュで鏡に「Welcome to Z」（ゾンビの世界へようこそ）という言葉を書いて去る。

西山智則の言葉を借りると、「「感染媒体（メディア）」としての女性が「映画映像（メディア）」で活用」されているのだ。そこには、男性の、女性に対する潜在的な恐怖や不安が投影されているのかもしれない。また、メディアを通して語られる感染症の物語では、「第一号患者（ペイシェント・ゼロ）」を探そうとする欲望を見てとることができる。[38] いわゆる「犯人探し」だ。すでに見たように、『ワールド・ウォーZ』でも、主人公のジェリーは、ゼロ号患者を探すために、世界中を飛び回る。

35 美馬達哉（二〇〇七）『〈病〉のスペクタクル ―生権力の政治学』人文書院
36 ジャン・ハロルド・ブルンヴァン（著）、行方均（訳）（一九九七）『くそっ！なんてこった ―「エイズの世界へようこそ」はアメリカから来た都市伝説』新宿書房
37 西山智則（二〇一四）「映画における放射能汚染の表象 ―見えない恐怖を見せる」森坂俊一・米村泰明・尾崎恭一・西山智則（編）『パンデミック ―〈病〉の文化史』人間と歴史社、PP.271-376
38 美馬達哉（二〇〇七）『〈病〉のスペクタクル ―生権力の政治学』人文書院

5-3.「感染」が意味するもの

ゾンビ映画における「感染」は何を意味するのだろうか。当然、描かれるシーンの意味するところをそのまま受け取れば、ゾンビ的な性質が増殖していくことを意味する。それでは、これを何かの比喩ととらえてみるとしたら、「価値観の伝播」を意味すると考えられないだろうか。

飛躍した発想のように思われるかもしれないが、根拠のない考えではない。「ウイルス」の感染との類同性が以前から指摘されているものとして「うわさ」[39]がある。「うわさ」や「都市伝説」はウイルスが人から人に感染していくのと同じように、人づてに広がっていく。また、その内容は、途中で変容してしまう場合もあるし、その内容によっては人を行動に駆り立てる。これもウイルスが途中で突然変異して性質を変えたり、ウイルスが人間に影響を与えたりするのに似ている。いずれも、人と人との対話や接触によって広がっていくものであるため、類似点が見いだせる。

「うわさ」研究の代表的著作であるエドガール・モランの『オルレアンのうわさ』[40]では、フランスのオルレアンで、ユダヤ人が経営しているブティックが、女性の人身売買の場になっているという内容のうわさがささやかれ、それが事実無根であったにもかかわらず、広まっていく様子が詳細に報告されている。さらに、インターネットの登場、そして、ブログやSNSといったユーザーの情報発信を助けるアーキテクチャによって「うわさ」は新たなメディア上で爆発的な広がりを見せるようになった。[41]

本書執筆中、新型コロナウイルスが流行した。それにともない、マスクが品切れを起こしたり、海外で日本人が感染者だと疑われるといったことが連日報道された。そうした中、トイレットペーパーが不足するというデマがSNSで流され、各地で品切れを起こした。そのデマを流した一人の身元が特定され、二〇二〇年三月三日、米子医療生活協同組合のウェブページに、「職員の不祥事のご報告とお詫び」と題した謝罪文が掲載された。先ほど、バカッターの問題についても指摘したが、SNS上のデマや誹謗《ひぼう》中傷が拡散され、広がっ

39 ハンス＝ヨアヒム・ノイバウアー（著）、西村正身（訳）（一九九九）『噂の研究』青土社
40 エドガール・モラン（著）、杉山光信（訳）（一九七三）『オルレアンのうわさ　―女性誘拐のうわさとその神話作用』みすず書房
41 松田美佐（二〇一四）『うわさとは何か　―ネットで変容する「最も古いメディア」』中公新書

ていくスピードは口頭の「うわさ」に比べて速く広範囲に拡散され、影響が大きい。一方で、誰が書き込んだか、ということも追跡がしやすくなっている側面もある。

病原体としてのウイルスは、インターネット上を運ばれていくことはないが、コンピュータに感染するコンピュータ・ウイルスはネットにのって拡散していくこととなった。一方で、病原体としてのウイルスもまた、新たな拡散手段を手に入れた。それは、人類の移動が盛んになったことによってである。世界各国が船舶や航空機で結ばれ、多くの人々が往来できるようになった。具体的な数値として、国連世界観光機関（UNWTO）が発表している国際観光客到着数に注目したい。一九九〇年に四億三五〇〇万人であった国際観光客到着数は、二十年で二倍以上の九億四九〇〇万人まで増加している。その後も増加を続け、二〇一七年には一三億二六〇〇万人に達した。これだけの人々が地球上を移動しているのだ。つまり、「うわさ」もウイルスも、メディアの発達や人の移動によって、以前に増して拡散する規模やスピードを増している。

この点をかなり直接的に描いているゾンビ・コンテンツに『28日後…』がある。『28日後…』では、レイジ・ウイルスというウイルスが原因で、人間が凶暴化し、他者に襲い掛かる。冒頭で、動物実験を行っている研究所に、環境保護思想を持った過激な団体が押し入り、ウイルスに感染した猿を逃がしてしまったことで、ゾンビ・アウトブレイクが起こる。「怒り」という感情、「人に危害を加える」という行動が、ウイルスにのって伝播していく。現実世界においても、テロリストが国を越えて移動しているし、近年ではホームグロウン・テロリズムも生まれている。これは、インターネット等のメディアを通じて、過激な思想に共鳴した人が、その国でテロを起こすというものだ。こうした社会的背景を考えても、ゾンビ・コンテンツが人気を博している理由が理解できる。

ゾンビ・コンテンツを「価値観」の伝播を描く映画と見ると、分析の幅が広がる。ゾンビに襲われて傷を負った被害者がたどる末路は、「完全なる死」か「ゾンビ化」である。「ゾンビ化」とは、すなわち、生者がゾンビによって傷を負わされた結果、ゾンビ的な性質の存在に変貌することである。一方の「完全なる死」は、ゾンビによって完全に食われてしまい、ゾンビ化せずに死んでしまうケースや、ゾンビ化の末路を嫌って自死してしまうケースである。このいずれにしても、その状況を自分で選ぶ場合と、成り行きでそのようになってしまう場合の二通りがある。つまり、生きている人間に襲い掛かる単一の価値観（ゾンビ）に対して、抗うのか、迎合するのか、それ以外の道があるのか、といった問題を描いていると考えることができる。ゾンビの移動スピードが素早くなっているのはすでに指摘したとおりだが、そうすると感染スピードも速まる。価値観の伝播スピードが速まるということだ。情報社会であり、移動社会である現代社会において、ゾンビのスピードが速くなったのは必然と言えるのかもしれない。

第四章　日本のゾンビ文化考

本章では、日本という場所に絞って、ゾンビの展開を追う。第三章で明らかになったように、ゾンビはグローバル化、マルチメディア化している。そのため、海外の作品からの影響や、さまざまなメディアにおける状況を踏まえつつ、日本独自の展開について考えてみたい。

1. 日本のゾンビ映画　―『バトルガール』から『屍人荘の殺人』まで

1-1. レンタルビデオショップとシネマ・コンプレックス

日本の映画産業は一九五〇年代に黄金期をむかえるが、六〇年代にテレビが普及し、斜陽産業と呼ばれるようになる。八〇年代になるとビデオデッキが普及し、それを活用したビジネスが登場する。レンタルビデオ店だ。「一般社団法人 日本映像ソフト協会」が公表している「JVAレンタルシステム加盟店数推移」[1]を見てみよう。一九八四年十二月には総数が五一四だったのが、一九八六年の十二月には二〇〇〇店、八七年には四七四八店、八八年には一万六七店、八九年には一万一四七二店と、五年で二十倍以上になっている。加盟店数は、一九九〇年十二月時点の一万三五二九店を最大値として、一九九五年には一万二四五四、二〇〇五年には七六九三、二〇一五年には三五八一、二〇一九年には二八四一店まで減少している。二〇二〇年三月現在、レンタルビデオ店では映像はDVD、Blu-rayディスク、音楽ではCDがレンタルされており、レンタルビデオ業界は「TSUTAYA」および「GEO」が多くの店舗を展開している状況だが、一九八〇年代には、個人経営の店が、爆発的に増加した。[2] その当時の様子を伊東美和は『ゾンビ映画大事典』の中で、次のように記している。

時は、ビデオ・バブル華やかなりし80年代後半。スプラッター・ブームに乗り、得体の知れないB級、C級のゾンビ映画が大量にビデオ・リリースされていた。ゲーセンや喫茶店が次々とレンタル・ビデオ屋に鞍替えし、慣れない店主が訳も分からずにゾンビ映画のビデオを棚に並べていた。

1　「JVAレンタルシステム加盟店数推移」 http://jva-net.or.jp/report/joiningshop.pdf
2　中村朗（一九九六）『検証 日本ビデオソフト史』映像新聞社

ビデオの登場により、オリジナルビデオという流通経路が出来上がる。劇場公開やテレビ放送には至らないまでも、ある程度の市場が見込めるものはビデオでリリースされるようになった。アニメでは、一九八三年に初のオリジナルビデオアニメーション（ＯＶＡ）『ダロス』が発売された。ビデオデッキの普及率が六六・八％に達した一九九〇年の翌年、大映からオリジナルビデオ作品として日本産のゾンビ映画『バトルガール』（一九九一）がリリースされる。伊藤明弘による同名のマンガ作品が一九九二年に、そして、一九九三年にはFM-TOWNS用のデジタルゲーム『電脳少女リジェクション』がシュールド・ウェーブから発売された。このように同一作品を異種メディアで同時あるいは逐次展開していく手法はメディア・ミックスと呼ばれるもので、現在でも盛んになされている。

映画はテレビの登場によって市場を縮小したが、ビデオやＤＶＤ、Blu-rayといったパッケージのコンテンツとして、活用されている。インターネットでの配信も含めて、これはコンテンツの「二次利用」と呼ばれるものだ。映画は、その後に登場したさまざまなメディアと競合しつつも、そのコンテンツとして重宝されても来たことがよくわかる。

ビデオや映画館は、ゾンビ映画の中にも登場する。『バタリアン』の冒頭は、テレビで映画『ナイト・オブ・ザ・リビングデッド』が放送されている様子から始まる。登場人物がテレビを見ながら、「この映画は実話がもとになっている」と語りだすところから話が始まるのだ。アニメ『がっこうぐらし！』でも、映画にまつわる印象的なシーンがある。『がっこうぐらし！』は、ゾンビ・ハザードの中の女子高生たちの日常を描いた作品だが、学校から食料品や生活用品などを調達しにショッピングモールに向かうシーンがある。[3]このショッピングモールには映画館があるが、ドアにつっかえ棒がしてある。それを外して中をのぞくと、大量のゾンビたちがスクリーンに目を向けていた……。

今となっては当たり前となった、郊外や都市部に作られた大型商業施設の中に映画館がある光景だが、このシネマ・コンプレックスという業態は、一九八〇年代にモータリゼーションが進んだアメリカで、都市郊外のショッピングモール内に展開されはじめたものだ。[4]一か所にスクリーンが複数ある映画館で、チケット売り場や飲食の売店、ロビー等は共有できるため、スタッフ数を少なくできるという運営上の利点がある。かつては多くの映画館が繁華街や中心市街地に立地していたが、現在は多くの映画館がシネコンであり、

3　もちろん、これもジョージ・A・ロメロ監督の『ゾンビ』のオマージュである。
4　加藤幹郎（二〇〇六）『映画館と観客の文化史』中央公論新社

イオンをはじめとしたショッピングモール内にある。

映画館の全スクリーン数に対するシネコンの割合を出し、その推移をグラフ化してみた。二〇〇〇年に四四・五％だったシネコンの割合は、二〇〇二年には半数を超えて五三・〇％となる。その後も増加を続け、二〇〇四年には六割を超え、二〇〇六年には七割、二〇〇九年には八割を突破する。二〇一九年は八八・三％と九割弱をシネコンのスクリーンが占めている状態だ。全国で数館でしか上映されない作品と、ショッピングモール大手の「イオンモール」内にある「イオンシネマ」や、都市型のシネコンである「TOHOシネマズ」などで大々的に上映される作品がある状況になっている。

映画はそれに関する他メディアの情報とも深くか

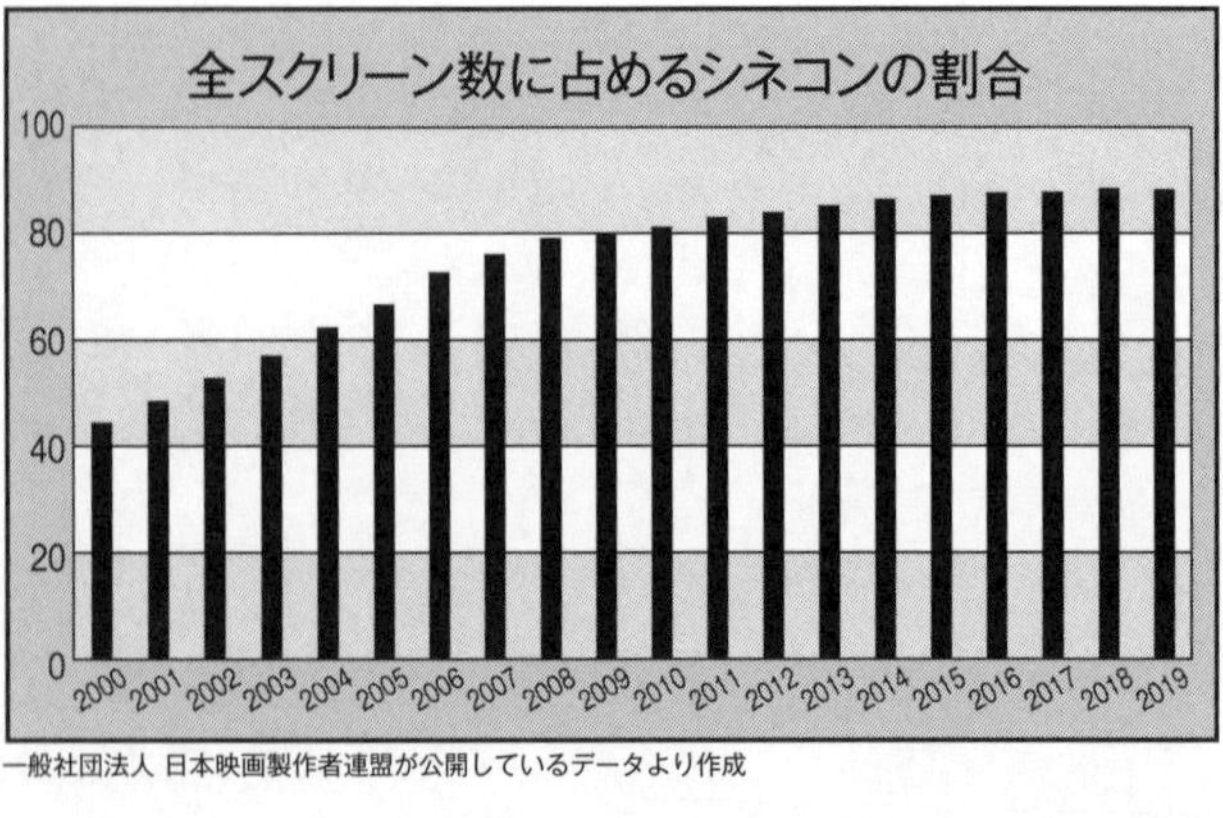

一般社団法人 日本映画製作者連盟が公開しているデータより作成

かかわっている。ジョン・フィスクは『テレビジョン・カルチャー』の中で、そうした各種メディアのことを「第一次テクスト」「第二次テクスト」「第三次テクスト」という言葉で説明した。[5]「第一次テクスト」は元のコンテンツのことで、映画そのもののことを指す。「第二次テクスト」は、第一次テクストに対する批評やプロモーション番組のことである。そして、「第三次テクスト」は、受容者が生み出すものだ。フィスクは「会話」や「新聞への投書」を挙げているが、現在は、ネット上に「第三次テクスト」が大量に投稿されている状況だと言うことができるだろう。

また、雑誌の中にはゾンビ・コンテンツとかかわりが深いものがある。映画雑誌、ゲーム雑誌などはもちろんだが、特にゾンビ・コンテンツにとっての二次テクストとして存在感が強い雑誌として『映画秘宝』が挙げられる。『映画秘宝』は一九九五年六月に第一号『エド・ウッドとサイテー映画の世界』が発行されて誕生した。その後、一九九九年より大判化し、おおむね隔月刊のペースとなり、二〇〇二年より月刊化した。[6]本誌を発行している

5　ジョン・フィスク（著）、伊藤守、常木瑛生、小林直毅、藤田真文、吉岡至、高橋徹（翻訳）（一九九六）『テレビジョンカルチャー―ポピュラー文化の政治学』梓出版社

洋泉社が宝島社に吸収合併されたことにより、二〇二〇年三月号をもって休刊した。『映画秘宝』を読む、という行為自体がコンテンツの中に登場することがある。たとえば、映画『桐島、部活やめるってよ』の中では、ゾンビ映画好きの主人公、前田涼也が愛読しているのが『映画秘宝』である。また、小説『オブザデッド・マニアックス』(二〇一一)でも、同じくゾンビ映画好きの主人公、安東丈二が[7]『映画秘宝』を読んでいる。「第二次テクスト」が固定的な意味を持ち、第一次テクストに登場している構造であることが指摘できる。

1-2. 邦画ゾンビ映画の展開

邦画のゾンビ映画は、どちらかというとアングラ感のあるコンテンツが多かった。カワノコウジ監督の『女子競泳反乱軍』(二〇〇七)や、友松直之監督の『君はゾンビに恋してる』(二〇一一)や『レイプ・ゾンビ』(二〇一一)などは、低予算映画で、アダルトなシーンが含まれ、マイナー感、B級感の強い作品である。放映の形態としても、全国のシネコンなどで一般向けに上映されるのではなく、DVDリリースの作品が多い。映画館で上映されたとしても、小さな劇場で短期間上映されるものが多かった。

そういった中でも、日本産のゾンビ映画はさまざまな作品が制作、公開されていった。

一九九九年には、ロックバンド「ギターウルフ」が出演した『ワイルド ゼロ』（監督：竹内鉄郎）、二〇〇〇年代に入ってからは、『JUNK／死霊狩り』（二〇〇〇、監督：室賀厚）や、大槻ケンヂの小説『ステーシー』を映画化した『STACY』（二〇〇一、監督：友松直之）、格闘アクション満載の『VERSUS』（二〇〇一、監督：北村龍平）、やくざ映画風の『実録外伝 ゾンビ極道』（二〇〇一、監督：佐々木浩久）などが見られる。二〇〇〇年代後半以降は、自衛隊員がゾンビ（やそれ以外）と戦う『ゾンビ自衛隊』（二〇〇五、監督：友松直之）、同名のゲームの実写化作品『お姉チャンバラ THE MOVIE』（二〇〇八年、監督：福田陽平）、「ぎょい。ぎょい。」と言いながら迫ってくる落ち武者が登場する『山形スクリーム』（二〇〇九、監督：竹中直人）、など、さまざまな日本産ゾンビ映画が制作されている。

リリースの状況としては、海外の作品であっても同様のゾンビ映画は多い。劇場公開なしで、パッケージのみの販売やレンタル市場へのリリースといった作品もある。ここで強調しておきたいのは、こうした作品の中にも、非常に面白いものがあるということだ。自

6　洋泉社MOOK（二〇一五）『〈映画秘宝〉激動の20年史』洋泉社
7　ジョージ・A・ロメロから着想を得た名づけであろう。

分にとって面白い映画が見つかった時の嬉《うれ》しさは格別である。とはいえ、意識的に情報を得ようとしないと、マイナーな作品の情報は得られない。

こうした中で、積極的に劇場未公開作品を公開していこうとする動きもある。二〇一二年から西澤彰弘をチェアマンとして始まった「未体験ゾーンの映画たち」だ。これは、未公開作品を集めた特集上映である。[8] さまざまなジャンルの未公開映画を上映するのだが、その中にほぼ毎年ゾンビ映画が含まれている。「未体験ゾーンの映画たち2016」では、邦画のゾンビ映画である『血まみれスケバンチェーンソー』（監督：山口ヒロキ）も上映された。毎年実施されている本企画は徐々に上映作品を増やしている。東京のヒューマントラストシネマ渋谷、および、大阪のシネ・リーブル梅田で映画館上映されるとともに、二〇一六年からはオンライン上映も始まった。「未体験ゾーンの映画たち」は、二〇二〇年に九回目を迎え、そのラインナップの中には『処刑山 ナチゾンビvsソビエトゾンビ』（監督：トミー・ウィルコラ）や『ブラインデッド』（監督：ジェシー・トーマス・クック）といったゾンビ映画がある。この試みは、映画公開の新たなあり方として引き続き注目していきたい。

一方で、「ゾンビ映画」が作中に登場する作品が出てくる。沖田修一監督の『キツツキと雨』（二〇一二）では、小栗旬演じる気弱な新人映画監督の田辺がゾンビ映画を撮影するためにロケ地の山村を訪れ、そこで出会った役所広司演じる木こりの岸との交流が描かれた。吉田大八監督の『桐島、部活やめるってよ』（二〇一二）では、神木隆之介演じる前田涼也は高校の映画部であり、『生徒会・オブ・ザ・デッド』というゾンビ映画を撮影している。これらは、「ゾンビ映画」が登場する映画であり、ゾンビ映画そのものではない。先のいずれの作品でも、さえない主人公を表現する際に小道具としてゾンビ映画が使われているのだが、これはそれまでの邦画ゾンビ映画に対するイメージや扱いが反映されていて面白い。つまり、低予算で、若手の新人監督や映画部のアマチュア監督によって撮影されることが多いイメージが付与されているのだ。作り手サイドに焦点を当てているという意味では、二〇一八年に大ヒットした『カメラを止めるな！』（監督：上田慎一郎）もこの系譜に連なる作品であると言えよう。

また、二〇一〇年には、なんと歌舞伎にまでゾンビが登場した。『シネマ歌舞伎　大江

8　東京テアトル株式会社『未体験ゾーンの映画たち the history from 2012 through 2016』参照。

戸りびんぐでっど』(二〇一〇)がそうだ。本作は、宮藤官九郎が演出を担当しており、市川染五郎(現・松本幸四郎)や、中村七之助、中村勘太郎(現・勘九郎)、中村獅童、中村勘三郎といった有名な歌舞伎俳優が出演した。くさや汁を浴びた人が「ぞんび」になるという設定だ。作中では、ぞんびという名前は「存鼻」と書き、においがくさ過ぎて鼻の存在が危ぶまれるという意味から来たものだと説明される。本作が面白いのは、その「ぞんび」を人間の代わりに働かせる「はけんや半助」という人材派遣会社を作るという設定だ。ゾンビを派遣労働者に位置づけてみせ、江戸時代を舞台としながらも現代的な問題を扱ってみせた。

こうした中、二〇一〇年代に入り、規模はさまざまながら、日本産ゾンビ映画が数多く制作されるようになっていく。二〇一〇年には『秋葉原ゾンビ』(監督:森島大輔)や『屍病汚染 DEAD RISING』(監督:稲船敬二)、二〇一一年には『ヘルドライバー』(監督:西村喜廣)、二〇一二年には『ゾンビデオ』(監督:村上賢司)、『ゾンビアス』(監督:井口昇)、二〇一三年には『マタギ・ウォー・Z』(監督:森島大輔)、二〇一四年には『ヌイグルマーZ』(監督:井口昇)、二〇一五年には『新選組オブ・ザ・デッド』(監督:渡辺一志)、『Zアイランド』(監督:品川ヒロシ)、二〇一六年には『血まみれスケバンチェーンソー』(監督:

山口ヒロキ）、二〇一七年には『聖ゾンビ女学院』（監督：遊佐和寿）、二〇一八年には『トウキョウ・リビングデッド・アイドル』（監督：熊谷祐紀）、二〇一九年には同名マンガ作品の実写化『がっこうぐらし！』（監督：柴田一成）と、邦画のゾンビ映画が毎年のように公開された。そうした中で、全国の劇場で公開される作品が登場した。花沢健吾の同名マンガ作品を実写映画化した『アイアムアヒーロー』である。二〇一六年四月に、イオンシネマやユナイテッド・シネマ、TOHOシネマズなどを中心に、全国二八八館の映画館で公開された。[9] 佐藤信介が監督した『アイアムアヒーロー』は、大泉洋、有村架純、長澤まさみといった知名度の高い俳優が出演し、テレビや雑誌への俳優の露出も多く、テレビCMも打たれ、宣伝も大がかりであった。

9 映画『アイアムアヒーロー』公式サイトより。上映館の数については、サイトの「上映劇場一覧」に掲載されていた映画館を数えた（二〇一六年四月二十一日時点の情報）。ただし、二〇一六年四月十四日には熊本地震が起こったため、熊本県内の映画館五館については、「地震の影響で営業を中止しています。営業再開につきましては劇場ホームページをご確認ください」と表示されていた。

1-3.『カメラを止めるな！』と『屍人荘の殺人』

二〇一八年には、『カメラを止めるな！』が公開され、大ヒットを記録した。本作は、冒頭三十七分におよぶワンカットのゾンビ映画から幕を開ける。緊迫したシーンのはずがなぜか延々と雑談が始まったり、不思議な「間」があったり、カメラが突然大きく揺れたりと、違和感のあるシーンが映し出され、お世辞にも良質な映画とは思えない。実は、本作はここからが本番だ。「最後まで席を立つな。この映画は二度はじまる。」の惹句《じゃっく》通り、冒頭の作品を撮るまでの経緯と、撮影時のさまざまなハプニングが明かされ、映画の不自然な点の理由が次々に解決され、笑いに変わっていく。

本作は、二〇一八年六月から劇場公開が開始されたが、最初の公開館はたった二館であった。すでに説明した通り、インディーズ系のゾンビ映画としては全国二館で公開、というのはそれほど珍しいことではなく、むしろ劇場公開があるだけマシである。ただ、本作はこれでは終わらなかった。スタッフやキャスト、そして、著名人も含めた作品ファンが積極的に作品の魅力をＰＲし、口コミやＳＮＳの拡散によって観客が数多く訪れたのだ。二〇一八年九月時点で公式ウェブサイトの上映館リストを確認したところ、全国で三〇〇を超える映画館が名を連ねていた。そこには、ミニシアターとシネコンが混在しており、本作が作品の魅力で上映館を広げていったことがよくわかる。筆者は、合計三回、本作を劇場に観《み》に行ったが、ミニシアターでもシネコンでも満席で、ミニシアターでは臨時の椅子が出され、立ち見も出ていた。普段、平日夜の空席が目立つ劇場で映画を鑑賞することが多い筆者としては、久しぶりの熱気あふれる劇場での鑑賞となった。筆者が見たそれぞれの回で、冒頭の三十七分のゾンビ映画の出来の悪さに耐え切れずに出ていく人が最低一人はいたのも面白かった。結果的に、制作費三〇〇万円の本作は興行収入三〇億円を突破する大ヒットとなった。そのヒットは社会現象化し、「ユーキャン新語・流行語大賞2018」にノミネートされるに至った。トップテンには選ばれなかったが、たった二館でしか上映されなかった映画が全国的に話題になったことを傍証する動きと言えるだろう。

二〇一九年には、『屍人荘の殺人』（監督：木村ひさし）が全国で劇場公開された。本作は、同名の今村昌弘によるミステリ小説を原作とした実写化作品だ。神木隆之介、浜辺美波、中村倫也などが出演し、Perfume の「再生」が主題歌である。原作小説の『屍人荘の殺人』は、今村昌弘のデビュー作であり、「第二十七回鮎川哲也賞」および「第18回本格ミステリ大賞」を受賞、また、「このミステリーがすごい！2018年度版」「週刊文春 ミステリーベスト10」「2018本格ミステリ・ベスト10」で1位となった。

ミステリ作品に関する用語として「クローズド・サークル」というものがある。「絶海の孤島に嵐が来て閉じ込められる」「山奥の洋館が吹雪のために人の出入りができなくなる」。こうした、登場人物たちが外界から遮断された状況を指す言葉だ。本作は、このクローズド・サークルをゾンビ・ハザードによって成立させている。

湖畔のペンション「紫湛荘」を訪れていた大学生たちだったが、近隣で開催されたロックフェスティバルの会場で発生したゾンビ・パンデミックに巻き込まれ、犠牲者を出しながらもペンション内に立てこもることに成功する。しかし、ゾンビから逃れられたのも束《つか》の間、今度は室内で不可解な連続殺人事件が起こり始めるのであった。犯人はゾンビなのか？ はたまた生き残った人々の中に犯人が？ ゾンビに襲われて全員が命の危機にさらされているシチュエーションである。何もわざわざそんな時に人を殺さなくても良かろうにとも思うが、本作は単にクローズド・サークルの仕掛けとしてのみゾンビを用いているわけではなく、さまざまな点で、ゾンビ・ハザード状況ならではの展開が描写され、本格ミステリとしてはもちろん、ゾンビ・コンテンツとしても新しかった。ちなみに、ミステり作品でゾンビが登場したのは本作が初めてではなく、一九八九年に山口雅也による小説『生ける屍の死』が出版されている。こちらもデビュー作である。

映画『屍人荘の殺人』を劇場で観た際、終了後に劇場内から「ゾンビが出てきて驚いた」という旨の発言がいくつか聞こえてきた。確かに予告動画には「ネタバレ厳禁」の文字が踊り、公式ウェブサイトでも「ゾンビ」の文字はない。原作小説が売れていないわけではない。むしろ売れ行きは良く、二〇一八年三月の時点で版元の創元社が「二十三万部突破記念キャンペーン」を実施している。それにもかかわらず、映画を観た人々の中には、ゾンビが登場することを知らなかった人々が一定数いた。実は、メディア・ミックスの効果はここにある。小説やマンガが、映画やドラマ、アニメといった別のメディアで作品化されることによって、そのメディアのファンの目に触れることになるのである。たとえば、現在大ヒット中の作品『鬼滅《きめつ》の刃《やいば》』（吾峠呼世晴《ごとうげこよはる》）も、原作マンガがすでに人気ではあったものの、アニメ化されたことによって人気に火が付き、単行本の欠品が相次ぐほどになった。逆に、映像作品側にも利点がある。すでにその作品に一定数のファンがついていることである。どんな話かわからない映像作品を見てもらうためには多大なコストを必要とするが、すでに原作が人気であれば、映像化作品もある程度の集客が見込める。小説やマンガの実写映画化が多い理由がこれだ。場合によっては原作ファンから悪評価を得てしまうものもあるが、相乗効果が得られる場合もある。

1-4. ゾンビがドラマに登場した件

アメリカでヒットを飛ばしたドラマ『ウォーキングデッド』に影響を受けてか、二〇一〇年代になって、日本でもテレビ放送されるゾンビドラマが製作されるようになった。『セーラーゾンビ』（二〇一四）、『玉川区役所 OF THE DEAD』（二〇一四）、『ワーキングデッド』（二〇一四）、『ザンビ』（二〇一九）、『ゾンビが来たから人生見つめ直した件』（二〇一九）、『ラッパーに噛まれたらラッパーになるドラマ』（二〇一九）などだ。深夜帯に放送されたので、知名度はそれほど高くないが、工夫が凝らされた作品である。

特に『ワーキングデッド』については、独自性が強い。タイトルは『ウォーキングデッド』をもじったものだが、内容はまるで違う。『ウォーキングデッド』が、シリアス系のゾンビ・コンテンツの王道の展開であるのと対照的に、本作は、報道番組や情報番組のようなスタイルを取る。司会を古舘寛治とホラン千秋が務め、毎回、職場で問題を起こす「ワーキングデッド社員」の特徴を紹介していく。たとえば、「婚活し過ぎデッド」、「さとり世代 dis

りデッド」、「修造もどきデッド」、「東大卒拘《こだわ》り過ぎデッド」が登場する。会社内での困った上司や部下、同僚を戯画化して描いているのだ。主にオフィスビル内を舞台に、ゾンビメイクをした役者や芸人が、周囲の社員にさまざまな迷惑をかけている様子がVTRで映し出され、それに対して、識者が解説を加えるという展開だ。各回には、勝間和代や萱野《かやの》稔人《としひと》、田北百樹子《たきたゆきこ》、常見陽平、原田曜平など、実際にメディアで活躍しているコメンテーターがゲストとして登場した。いわばフェイクドキュメンタリーである。本作は書籍でも展開[10]している。BSジャパン／テレビ東京によるもので、現在は動画配信サービス「ニコニコ動画」のニコニコチャンネルで視聴することができる。『ザンビ』には、人気アイドルグループ「乃木坂46」のメンバーが出演している。本作は日本テレビで放送された後、動画配信サービス「Hulu」で配信された。『ゾンビが来たから人生見つめ直した件』は、NHKの「よるドラ」という深夜ドラマ枠で八回にわたって放送された。地方都市でのゾンビ・パンデミックを体験する「アラサー女子」[11]が主人公である。登場人物の中にYouTuberが

10　BSジャパン「ワーキングデッド～働くゾンビたち～」制作チーム（二〇一五）『ワーキングデッド　―ブラック社員との付き合い方』WAVE出版

登場するなど、二〇一〇年代後半の日本の状況が反映されている。『ラッパーに噛まれたらラッパーになるドラマ』は、テレビ朝日で放送され、主演は小芝風花が務めた。本作には原作がある。『ラッパーに噛まれたらラッパーになる漫画』（インカ帝国）だ。本作はアプリ「LINE」の電子コミックサービス「LINEマンガ」で連載され、単行本で三巻分ある。

近年の作品の中には、劇場公開やテレビ放送のあと、動画配信サービスでの配信コンテンツとして活用されるものも増えている。Netflix や Amazon prime といった定額制のサブスクリプションサービス[12]が普及しており、かつてのレンタルビデオショップと同様に、大量のコンテンツが見られることそのものがサービスの競争力につながるのだ。映像ビジネスの方法に「ウィンドウ戦略」と呼ばれるものがある。一つのコンテンツを、さまざまなメディアで流していくもので、たとえば、まずは映画館、次に航空機内の映画サービス、ホテル等の有料動画視聴サービス、そしてＤＶＤ等パッケージ販売を経て、レンタルといった具合に、一回当たりの視聴単価を下げつつ、さまざまな流通に乗せる。作品が見られる「窓」を替えて公開していくイメージだ。動画配信サービスは、ウィンドウの一つとして存在感が増しており、特定の配信サービスのために作られる作品も出てきている。

さて、ここまで日本産のゾンビ映画について見てきた。コンテンツとしてのゾンビ映画は、長らくマイナージャンルで、エロ、グロ、B級作品が多かった。そのような中、二〇〇〇年代から二〇一〇年代を通して、徐々に日本産ゾンビ映画の数が増えていった。二〇一〇年代には、全国で劇場公開される作品も登場し、ドラマ作品も放送され、歌舞伎の演目にまでなった。つまり、海外からの熱いまなざしが注がれた二〇〇〇年代より後の、二〇一〇年代こそが、日本産のゾンビ映画が存在感を増した時期だと言える。

また、日本のゾンビ映画の特徴の一つに、美少女アイドルとのかかわりが深い点も挙げられる。実はこれまで挙げてきた作品群の中に、女性アイドルあるいはアイドルグループが主演のものがかなりある。『ゾンビデオ』には、「℃-ute」の矢島舞美、中島早貴が出演しており、『聖ゾンビ女学院』では、アイドルグループ「虹のコンキスタドール」のメンバー七人が主役を務めた。『トウキョウ・リビング・デッド・アイドル』には「SUPER☆GiRLS」の浅川梨奈が、『がっこうぐらし！』の主人公四人は、オーディション番組「ラ

11 アラウンドサーティの略で、三十歳前後の意。

12 サブスクリプションについては、以下の文献に詳しい。雨宮寛二（二〇一九）『サブスクリプション　―製品から顧客中心のビジネスモデルへ』KADOKAWA

ストアイドル」によって結成されたアイドルグループから選ばれている。ドラマでも『セーラーゾンビ』には「ＡＫＢ48」のメンバーが、そして、『ザンビ』には「乃木坂46」のメンバーが出演した。後述するアニメ『ゾンビランドサガ』もアイドルがモチーフになっている。

そして、コンテンツはメディアの発達にも大きく影響を受けていることが明らかになった。ビデオリリースによって登場したゾンビ映画は、その後、メディアがＤＶＤになっても、パッケージリリースで多くの作品が世に出された。映画館の状況としては、シネマコンプレックスのスクリーン数が増えていくが、ゾンビ映画の多くは小規模映画館での公開であった。ゲームや小説、マンガの実写映画化などがなされ、多くの映画館で上映される作品が登場する一方で、低予算映画でありながらＳＮＳや口コミをきっかけに館数を増やしていく作品も出てきた。近年の動画配信サービスの台頭によって、大量のコンテンツが必要とされており、今後、それらに対応する形で新たな作品が登場するだろう。

2. 邦題のえじき　―映画宣伝の面白さ

「宣伝」と「邦題」は、日本のゾンビ映画シーンにとって必ず触れなければならない話題と言っても過言ではない。ここまで、さまざまなゾンビ映画のタイトルを挙げてきたが、「なんでこんな珍妙な名前がついているのだろうか……」「死霊だの悪魔だの地獄だのがやたらと多くないか?」と思われたのではないだろうか。『死霊のはらわた』、『死霊のえじき』、『死霊のしたたり』……。これらがシリーズ物ではなく、それぞれ別の映画なのである。本当にややこしい。しかし、これらは、その時代その時代の人々が作品を多くの人に見てもらうための工夫のたまものなのである。本節では、この点を詳しく見ていこう。

2-1. 宣伝と邦題

書籍『映画宣伝ミラクルワールド』[13]では、一九七七年に公開された『サスペリア』のさまざまな宣伝活動が紹介されている。『サスペリア』はダリオ・アルジェント監督の作品だ。ダリオ・アルジェントと言えば、ジョージ・A・ロメロの『ゾンビ』に出資した人物である。

13 斉藤守彦（二〇一三）『映画宣伝ミラクルワールド――東和・ヘラルド・松竹富士 独立系配給会社黄金時代』洋泉社

『サスペリア』の広告には、ヒッチコックの『サイコ』の日本公開時の惹句「この映画の謎を決して話さないでください」からインスピレーションを得て「決してひとりでは見ないでください――」という惹句が添えられた。さらに、「ショック映画」という独自のジャンルを作り出してうたった。それは、『サスペリア』公開の三週後から『エクソシスト2』が公開されるからであった。ホラー映画の大ヒット作の続編とぶつかるため、差別化を図って独特のジャンルを作り出したというのだ。また、ターゲットも女性層にアプローチしている。マンガ家の萩尾《はぎお》望都《もと》[14]、映画評論家の渡辺祥子、女優の竹下景子、岡田奈々、タレントの羽仁未央といった、女性著名人を中心に得たコメントを新聞広告に出した。その新聞広告には、「虹色に彩られた、恐怖のオートクチュール。いま、全女性はこの衝撃のモードにつつまれる！」という言葉が躍る。わかったようなわからないような、それでいて何かすごいことが起こりそうな予感は感じさせる。さらに、特殊な音響システムとして「音響立体移動装置　サーカム・サウンド」や、女性入場者に対して一〇〇〇万円の「ショック保険」をつけるといった告知もなされた。

『サスペリア』はほかにも「話題宣伝」がうたれた。試写会で作品を見てショックのあまり倒れる女性を「仕込み」として入れておき、医師の格好をした男性と、看護師スタイルの女性を待機させておく。試写会では仕込みの女性が倒れ、医師や看護師（の格好をした人たち）が駆けつける。これをスポーツ新聞の記者が記事にし、それが宣伝になるというのだ。いわゆる「やらせ」である。

現在のメディア環境であれば、テレビ広告や新聞広告が難しければ、比較的安価にホームページやSNSを使った宣伝も打てるだろう。二〇一八年に大ヒットした『カメラを止めるな！』は、マスメディアにも数多く取り上げられたが、そこまで話題になる手前までは、監督や出演者、ファンによるSNSを用いた宣伝によって作品の面白さが伝わっていった。しかし、そのようなものがない時代に、とにかく人々に映画館に足を運んでもらうために、さまざまな工夫がなされていたことがわかる。

「昔はひどかったものだ」と思われるだろうか。実は、ゾンビ映画は近年に至るまで宣伝で「ゾンビ」という言葉を出すのを避けてきた。『ワールド・ウォーZ』が日本で公開された時、ポスターに「ゾンビ」の文字はどこにもなかったのである。ブラッド・ピットが、

14　代表作の一つに吸血鬼ものの『ポーの一族』がある。

炎上する大都市を空中から見つめるビジュアルに「その時、守るのは家族か、世界か」「全人類に告ぐ、8月10日（土）〝Zデー〟に備えよ。」と書かれていた。これは、「ゾンビ」という言葉を出したとたんに、客を選んでしまうという判断がなされたと考えられる。実際、筆者が観に行った劇場では、普段ゾンビ映画を見に行く時には出会わない、初老の夫婦や親子連れを見かけた。映画が終わって劇場が明るくなると、そこかしこから「ゾンビだった」というつぶやきが聞こえてきた。同様のことは『新感染　ファイナル・エクスプレス』や『アイアムアヒーロー』でも起こった。

　こうした宣伝の方法には賛否があるだろう。「騙《だま》された！」と思う人もいるかもしれない。映画という情報財の性質上、見てもらいさえすれば良い、という考え方に立ったものだ。映画は、「経験財」と呼ばれる商品である。経験財とは、その製品やサービスを購入する時、事前にその財の品質を判断することが難しいものを指す。[15] たとえば、店頭で洋服を選ぶ場合を考えてみよう。どのような色で、どのような素材で、どのような着心地なのか、サイズは自分の体に合うのかを商品を目の前にして見て、触って、場合によっては試着して購

映画『ワールド・ウォーZ』のパンフレット（著者私物）。日本での公開は二〇一三年八月（東宝東和）。Blu-ray／DVDは角川書店から発売中。

入することができる。これを「探索財」という。一方の、映画やゲームなどのコンテンツは、お金を払い、時間を使って、実際に経験してみるまでは、その財が自身にどのような体験をもたらすのか、厳密にはわからない。品質を確認するタイミングと実際に消費するタイミングが同時なのだ。つまり、映画館が映画を観るためのほぼ唯一の方法で、かつ、二次テクストや三次テクストもそれほどない場合は、正確な情報でなくとも、とにかく観客の足を劇場に運ばせ、観賞料さえ払ってもらえれば成功ということになる。もちろん、騙されすぎると映画を観に行くこと自体をやめてしまい、映画観客の数を減らしてしまうことになりかねない。また、近年は、三次テクストの量やインパクトが強く、あまりに悪質な宣伝は、宣伝そのものが糾弾され、炎上してしまう危険性がある。一方で、コンテンツの周辺情報がネット上に氾濫する今、こうした映画宣伝の工夫によって、本来であれば見なかったかもしれない作品に偶然出会える面白さが含まれていると考えることもできよう。

15　ケビン・レーン・ケラー（著）、恩藏直人（監訳）（2010）『戦略的ブランド・マネジメント 第3版』東急エージェンシー

2-2．邦題は濁点と「ン」がお好き？

洋画のタイトルの中には、邦題と呼ばれるものがつけられている場合がある。邦題は、映画の内容がよりわかりやすいようにつけられる。たとえば、主題歌も含めて大ヒットした『アナと雪の女王』の原題は『Frozen』だ。ゾンビ関連の映像作品のタイトルに、やたら『～オブ・ザ・デッド』が多いのは、ジョージ・A・ロメロの作品を意識してのことだが、邦題でそのように名付けられることもある。最近の作品でも、原題と邦題が異なるものは多い。たとえば、『新感染　ファイナル・エクスプレス』は韓国産の大作ゾンビ映画で、元のタイトルは『釜山行き』（Train to Busan）だ。『ゾンビスクール！』の原題は『Cooties』である。本作の内容は異物が混入した給食のチキンナゲットを食べた少女がゾンビ化し、次々に子どもたちが感染し、小学校の教師たちがそれに立ち向かう物語だ。原題からこの内容を想像するのは難しい。『ゾンビスクール！』の方が、日本人にとってはわかりやすいだろう。このように、わかりやすさを重視するために邦題がつけられることがある。

一方、販売戦略のための邦題もある。『ゾンビ・マックス！　怒りのデス・ゾンビ』（監督：トリスタン・ローチ＝ターナー）の原題は『Wyrmwood: Road of The Dead』で、二〇一五年に公開されたオーストラリア・アメリカ合作映画『マッド・マックス　怒りのデス・ロード（原題：Mad Max: Fury Road）』（監督：ジョージ・ミラー）にあやかったタイトルだ。[16]『マッドマックス』は、核兵器による世界的な戦争の後、環境が汚染された世界を舞台とした作品だ。作中では、文明は崩壊し、水や食べ物、物財等を奪い合う社会が現出しており、人々は改造車を駆り、それぞれに大切なものを求めて戦う。本作は大ヒットし、第八十八回アカデミー賞で十部門にノミネート、六部門で受賞した。『Wyrmwood』も『マッド・マックス』同様にオーストラリア映画である点や、荒廃した世界でプロテクターに身を包み、改造車で走る展開がある点などから、邦題がつけられ、「生きるために狂え！」「『マッドマックス』ミーツ『ゾンビ』」と煽《あお》り文句がつけられた。共通点もあり、まったく関係ないわけでもないのが面白い。

それでは、一九七〇年代〜八〇年代ごろの邦題を見てみよう。『The Texas Chain Saw

16　そもそもサブタイトルの「怒りのデス・ロード」が直訳ではない。

Massacre』は『悪魔のいけにえ』（一九七五）、『The Evil Dead』は『死霊のはらわた』（一九八二）といった具合に、翻訳とは言えないが、インパクトの強い邦題がつけられている。死霊、悪魔、地獄といった言葉の後に、いけにえ、はらわた、えじき、したたり、墓場等の言葉が付く邦題の作品が山のようにあって実にややこしい。『サンゲリア』（一九七九）の海外タイトルは『ZOMBIE』や『ZOMBI2』なので、これも邦題だ。配給会社の東宝東和の宣伝部には、「邦題会議」なるものがあったそうである。[17] 良いアイデアが出るまで二時間でも三時間でも続いたと言われるこの会議を経て、「血の滴」を意味するカクテルの名前からとった『サンゲリア』が採用されたという。宣伝部の松本勉は「必ず邦題には、〝ン〟と濁点を入れるべし」と述べていたそうで、確かに『サンゲリア』もそうなっている。『サンゲリア』では、マスコミに配布する試写状を「死写状」として配布した。招待状送付用の封筒を印刷したインクには、映画評論家のおすぎの血を採取して混ぜたものを使用したという。そして、『サスペリア』の一〇〇〇万円ショック保険を、今回は男性も対象に実施。さらに、ハワイのオアフ島に墓地を確保するといった手の込みようだ。確かに『サンゲリア』のパンフレットを確認してみたところ、墓地を確保してあることが書かれていた。映画はその登場当初から「見世物」的な部分があったが、こうした広告努力にも多分に「見世物」的な側面が感じられる。

映画を観に来てもらうための宣伝や邦題は、人を動員するためのさまざまな工夫やアイデアが詰まっていた。

3　ゾンビマンガの世界　―バラエティ豊かなラインナップ

3-1．コミック・オブ・ザ・デッド

マンガの世界でもゾンビは元気だ。日本において、マンガが大衆化したのは、江戸時代だと言われている。もちろん絵画やマンガ的表現はそれ以前からあったが、江戸時代に、木版画によって量産されたことによって多くの人々に読まれるようになったという。[18] マンガには、文字だけでなく絵が付けられている。絵は、そのビジュアルイメージを、写真ほ

17　斉藤守彦（二〇一三）『映画宣伝ミラクルワールド―東和・ヘラルド・松竹富士　独立系配給会社黄金時代』洋泉社
18　清水勲（一九九一）『漫画の歴史』岩波書店、清水勲（一九九九）『図説 漫画の歴史』河出書房新社

どではないにせよ、かなり正確に、しかも短時間に伝達する。形のないものに形を与えることのできるメディアであると言えよう。幽霊や妖怪の中には、説話の時点では明確な形を持っていなかったものが、絵やマンガに描かれることで形を成したものもある。

近年、日本においてゾンビマンガが多数出版されている。特に『アイアムアヒーロー』(花沢健吾)は、二〇一七年四月に発売された単行本の最終巻(二十二巻)の帯によると、その時点でシリーズ累計発行部数が八〇〇万部を超える人気作だ。

『アイアムアヒーロー』同様に、ゾンビ・パンデミックを描いた作品は、ほかにも『学園黙示録 HIGH SCHOOL OF THE DEAD』(二〇〇六〜)や、『ブロードウェイ・オブ・ザ・デッド 女ンビ ―童貞SOS―』(二〇一一、すぎむらしんいち)、『東京サマーオブザデッド』(二〇一二)、『アポカリプスの砦』(二〇一二)、『がっこうぐらし!』(原作:海法紀光、作画:千葉サドル、二〇一二)、『Z〜ゼット〜』(二〇一三、相原コージ)、『異骸 ―THE PLAY DEAD／ALIVE』(二〇一四、佐井村司)、『学園×封鎖』(二〇一四、原作:八頭道尾・作画:Nykken)、『インフェクション』(二〇一六、及川徹)、『火星ゾンビ』(二〇一八)、『キングダムオブザZ』(二〇一九)等の作品が発表されている。『戦国ゾンビ』や『姫路城リビングデッド』『幕末ゾンビ』『ベルサイユ オブ ザ デッド』のような歴史物のゾンビ漫画もある。その他、『ＢＬ・オブ・ザ・デッド』（二〇一六）や『不良のはらわた YANKEE OF THE DEAD』（二〇一六〜）など、多岐にわたる。

また、人気マンガ『ONE PIECE』（尾田栄一郎）や『黒執事』（枢《とぼそ》やな）などの長編作品の一部にゾンビ的な存在が登場するものもある。

3-2. 日本のゾンビマンガ　――多様な表現が見られる実験場

最近のマンガに主役、脇役として登場するゾンビだが、日本のゾンビマンガの歴史はそれなりに古い。日本におけるゾンビマンガの初期作品としては、平井和正原作、桑田次郎作画による『デスハンター』（一九六九）と小室孝太郎の『ワースト』（一九六九）、小池一夫の『少年の町ＺＦ』（一九七六）などが挙げられる。『デスハンター』の原作者である平井和正は、小説『死霊狩り　――ゾンビー・ハンター』の作者でもある。[19]『ワースト』では、冒頭で世界中に雨が降る。この雨に当たった者は高熱を出して死に、死後は「ワース

19『死霊狩り　――ゾンビー・ハンター』も漫画化されている。

トマン」に変異する。ワーストマンは、はじめは人間の外見をしていながら意識はない様子で、とにかく人に襲いかかる存在だ。とはいえ、ゾンビとは異なる存在でもある。それというのも、時間が経過すると、人間の外皮はひび割れ、中から怪物が登場するのだ。日常が、「ワーストマン」という新たな存在によって非日常化されていく物語で、主人公の息子、孫世代にわたって「ワーストマン」と戦う大河作品でもある。『ワースト』の出版は、『ナイト・オブ・ザ・リビングデッド』の公開よりもあとなので、その影響を受けている可能性も排除できないが、どちらかというとロメロも影響を受けたというリチャード・マシスンの『地球最後の男』に影響を受けていると考えられる。それというのも、『ナイト・オブ・ザ・リビングデッド』は日本では劇場未公開作品だったからだ。

また、『ドラえもん』や『パーマン』『キテレツ大百科』などの作者として有名な藤子・F・不二雄も、『地球最後の男』に影響を受けたと思われる短編『流血鬼』を一九七八年に発表している。ストーリーの大枠が類似していることからも影響は明らかだが、よりはっきりした根拠がある。作中では、ウイルスによって人々が風邪症状を起こした後に死亡し、その後吸血鬼となって甦《よみがえ》る。そのウイルスの研究者を「リチャード・マチスン博士」としているのだ。とはいえ、ただの真似ではなく、藤子流の新たな解釈が加えられている。

一九八七年には仁木ひろしが、単行本『いつも心にバスケット・ケース』の中で「FLESHよもう一度」を発表し、一九八九年には雑誌『ロリポップ』で『高速弾で脳を撃て！』というゾンビマンガの連載を開始している。

こうした、ゾンビ・パンデミック的なゾンビ・ハザードが描かれる一方で、ゾンビをキャラクター的に描く作品も登場する。玉井たけしによる『魔界ゾンべえ』（一九八七）は、子ども向けギャグマンガの世界にゾンビを登場させた作品である。月刊、別冊コロコロコミックで発表された。魔界から来たゾンビの子ども「ゾンべえ」が、人間の少年「岡留戸マン太（おかると まんた）」の家に居候し、そこで巻き起こるドタバタを描いている。タイトルに「魔界」、少年の苗字に「オカルト」と入っていることからわかるように、ゾンビはかなりオカルト系、ナンセンス寄りに描かれている。「ゾンべえ」やその家族はどれだけ体がばらばらになっても死ぬことはない。また、普通に人語を話すゾンビである点からも、リアリティ路線は取っていないことがわかる。このような、子ども向けコミックスや解説本が、当時の子どもたちにゾンビ・コンテンツの存在を普及させるのに果たした役割は小さくないだろう。初見健一が『ぼくらの昭和オカルト大百科』[20]で指摘しているように、オカルトブーム期に、超能力がテレビで、ツチノコが少年マンガで、ノストラダムスの大予言が雑誌記事で、それぞれ広がっていったことからも、このことが推測できる。『魔界ゾンべえ』的なマンガとしては、『ゾゾゾゾンビーくん』（二〇一二、ながとしやすなり）や『雨のち晴れゾン日和』（二〇一五、キヨミズ リュウタロウ）、『小学生ゾンビ・ロメ夫』（二〇一五、二宮香乃）などが挙げられる。

ゾンビ漫画は、それぞれの時代に、さまざまな表現を生み出してきた。たとえば、『就職難!! ゾンビ取りガール』（二〇一二、福満しげゆき）や『ゾン100 ～ゾンビになるまでにしたい100のこと～』（二〇一八、原作：麻生羽呂、作画：高田康太郎）などは、現代日本社会とゾンビをうまく組み合わせた作品である。

『就職難!! ゾンビ取りガール』は、ゾンビ・ハザードの後の「日常化」の世界を描いている。第一巻の帯では、本作が以下のようにまとめられている。「無害なゾンビが街を徘徊する日本。零細ゾンビ回収会社に勤める、捕獲メカマニアのモテない青年は、就職難からやむを得ず入社したかわいい新人バイト女子の指導役を命じられた！　それは、この世の春か、失恋の始まりか!?」。作中では、主人公の青年「先輩」が、「後輩ちゃん」にゾンビについて解説するシーンがある。「日本でゾンビがさほど脅威になってないのは　70歳以上のゾンビがほとんどだからなんですね」「基本的には　生前のその人の年齢の強さのままぞんびになるんですね」「例えば 40代の体の大きな人が 大暴れしたら それだって取り押さえるのは大変ですよね」「まあ……思考力が相当落ちるので 複雑な攻撃はしてきませんが」。つまり、本作では、ゾンビは道端に普通にいるものなのだ。もはやそれだけでは人々には驚かれない。ゾンビの横を小学生が横切っていく様子が描かれたりもする。まれに人に危害を加えるようなゾンビが現れた時は、主人公が勤める零細ゾンビ回収会社「ゾンビバスターズ」が捕獲する。ちなみに「ゾンビバスターズ」の社長の前職はリサイクルショップの経営者だ。緊迫したゾンビ・ハザードというより、ゾンビを前提とした社会の中での、「先輩」の生活が描写されていくのである。「先輩」は、「同僚」の気の強いヤンキー風の女性にこづかれつつ、ゾンビを捕獲するための道具を設計しながら、「後輩」が辞めてしまわないように気をつかう。ゾンビ以外は実に日常的なのだ。ゾンビが完全に環境化しており、こうした設定は面白い。

『ゾン１００　～ゾンビになるまでにしたい１００のこと～』は、企業に勤めて三年目の

20　初見健一（二〇一二）『ぼくらの昭和オカルト大百科―70年代オカルトブーム再考』大空出版

二十四歳の会社員、天道輝が主人公である。大学を卒業して憧れの制作会社に入ったが、なんとそこはブラック企業だった。うつ病の症状が出ながらも働き続けている、そんな三年目のある日、朝起きて会社にむかおうとしたところでゾンビ・ハザードに巻き込まれる。最初にゾンビに追われながらの天道の思考が面白い。

「なんだこれ？ なんだこれ!? ゾンビ？ ゾンビ？ どう見てもゾンビだよなあれ？ どうすんだ？ どうすんだよ!? ……このままじゃ、会社に遅れちまうじゃねーかよおッ!!」

ゾンビに襲われても会社に行くことしか頭にない状態が戯画的に描かれる。徐々に町の様子が目に入ってくる。そこらじゅうが炎上し、人々が襲われ、航空機も墜落寸前だ。そこでようやく気が付く。「今日から会社に行かなくてもいいんじゃね？」。天道は、これまでやりたくてもできなかったさまざまなことを「ゾンビになるまでにしたい100のこと」と題して、ノートに書き込んでいく。ブラック企業やハラスメント、うつ病、過労自殺といった現代的な問題が背景にあり、そんな世の中よりも、ゾンビが蔓延《まんえん》していても会社に行かなくて済む生活の方が楽しいという、「非日常」の転倒を描いて見せているのだ。ゾンビが出現すると日常は壊されてしまうのだが、むしろ壊したほうが良い日常にはまり込んでいる登場人物たちが、ゾンビが出現したことによって目が覚めるのである。ゾンビが登場することによって破壊される「日常」は、その作品が作られた時代や社会、文化的な背景を体現している。『ゾン100』では、登場人物たちはそれぞれに、「自分が本当にやりたかったこと」に目覚めていく。現在、単行本は四巻まで出されており、今後の展開が楽しみである。

このように、ゾンビマンガには工夫された設定や、チャレンジャブルなものがたくさんある。映画やドラマ、アニメとなるとクオリティの高いものを作ろうと思えば多大な費用や時間がかかり、表現上の制約にもなる。たとえば、大量のゾンビが町中を徘徊《はいかい》している映像を撮影しようと思えば、実際に撮影するなら大量のエキストラにゾンビメイクを施し、道路を一定時間交通制限して撮影する必要がある。CGで作るにしてもやはり質の高いものを作ろうと思えばそれなりの金額が必要になる。マンガであれば、これらに比べると低いコストで大きな世界観の物語も描ける。今後もさまざまな作品が登場すると考えられ、継続的な研究が必要である。

4. ポップでかわいい、萌えるゾンビ
――『ハローキティ ゾンビフレンズ』『さんかれあ』

「カワイイ」存在の代表であるキティちゃんがゾンビ化したフィギュアやグッズが登場した。本当に、キティちゃんは仕事を選ばない。ほかにも、フィギュア『フルーツゾンビ』や『うっかりゾンビ』、そして、『ゾンベアー』などのキャラクターなどは、どことなくかわいいビジュアルのゾンビたちだ。ゲーム作品でも『Plants vs Zombies』『ゾンビファーム』『ゾンビ・ライフ』『ぞんびだいすき』などの、デフォルメされ、ファンシーで親しみやすいゾンビ像が描かれている。考えてみると、ゾンビは、かわいいものとは正反対のようにも思える。ここからは、日本におけるポップでかわいいゾンビカルチャーについて考えていきたい。

4-1. かわいい vs ゾンビ

ゾンビ化したキティちゃんの保湿パックも登場「ハローキティ なりきりフェイスパック・ゾンビ」（株式会社あすなろ社）

そもそも、「かわいい」という言葉はどのような対象について投げかけられる言葉だろうか。子どもや小動物、ぬいぐるみなどを見て「かわいい」という感想が出てくるのは理解しやすい。しかし、ゾンビに対して「かわいい」とは言い難いだろう。『サンゲリア』に登場する腐乱ゾンビを見て「かわいい」というリアクションをとる人は少数派ではないだろうか。むしろゾンビは身体損壊を含んだ「グロテスク」な風貌である。

北海道小樽市をPRする非公認キャラ、ゾンビのクマちゃん「ゾンベアー」。（有限会社ハシエンダインターナショナル）

四方田犬彦の『「かわいい」論』[21]という書籍の中で「きもかわ」という言葉に関する考察がなされている。「きもかわ」とは、気持ち悪さと同時にかわいさが感じられる様子に対する名づけである。本書によると、この言葉は二〇〇〇年前後のどこかの時点で、都会の女子高生によって考案されたものであると推測されている。「気持ち悪い（グロテスク）」と「かわいい」は一見すると正反対の言葉のように思えるが、これらは両立可能なのだ。

21　四方田犬彦（二〇〇六）『「かわいい」論』ちくま新書

それどころか「あるものが「かわいい」と呼ばれるときには、そのどこかにグロテスクが隠し味としてこっそりと用いられている」ことを意味する。

「きもかわ」はさまざまな変化を遂げて今でも生き残っている。グロテスクでかわいい「グロカワ」や、怖くてかわいい「コワカワ」などが登場している。実際の現象としても、ぎょろりとした目が怖い表情の動かない鳥「ハシビロコウ」や、グロテスクな相貌の「ダイオウグソクムシ」が人気を博した。これらは単純に「怖い」「気持ち悪い」とまなざされたのではなく、写真集やグッズが購入され、愛された。

4-2. ハロウィンとテーマパーク

こうした「グロカワ」や「コワカワ」は、「自己表現」の中にも取り入れられている。近年急速に日本に根付き始めたハロウィンがそうだ。日本では、特に「仮装」の部分がクローズアップされ、多くの人々が十月三十一日前後に実践しはじめた。二〇一五年十月三十一日には、東京の渋谷スクランブル交差点に仮装をした人々が多く集まり、その様子がテレビの情報番組等で大きく取り上げられた。それ以降、この渋谷の交差点は、ハロウィンの時期になると仮装した人々が大量に訪れることになり、二〇一八年のハロウィンには、一部が暴徒化し、軽トラックを横転させてしまった。

　こうした風潮を受けてか、主婦の友社から発行されているファッション雑誌『S Cawaii!』のムック本である『S Cawaii! Beauty』のVol.2（二〇一四年九月二十九日発売）では、「ゾンビメイク基本のき」という特集が組まれた。煽り文句としては、「誰でも簡単！血のりメイク」とある。まさに「カワイイ」と銘打った雑誌において、ゾンビメイクの解説がなされているのだ。

『Scawaii Beauty』vol.2は、一冊丸ごとコスプレ特集。

　ハロウィンのイベントとして、大阪にあるテーマパーク「ユニバーサル・スタジオ・ジャパン（USJ）」では、パーク内に大量のゾンビが登場するイベント「ハロウィーン・ホラー・ナイト」が開催され大人気だ。本イベントは二〇一一年から行われているとのことで、書籍『USJのジェットコースターはなぜ後ろ向きに走ったのか？』[22]によると、発案の根本

22　森岡毅（二〇一四）『USJのジェットコースターはなぜ後ろ向きに走ったのか？　―V字回復をもたらしたヒットの法則』角川書店

には、「ゾンビは何体雇っても設備投資は必要ない」「人（ゾンビ）こそ最強のアトラクションになるはず」という考えがあった。ゾンビは低予算の取り組みの味方なのだ。ユニバーサル・スタジオ・ジャパンを運営する（株）ユー・エス・ジェイの元CMOである森岡毅は同書でこの取り組みの狙いについて、「ゲスト（特に女性）がゾンビに遭遇して思い切り「キャー！」と叫べる空間を作ったのです。いわば、パーク全体をお化け屋敷にするようなものです。お化け屋敷が大好きな多くの日本女性に、これは当たると直感しました」「昼間の明るく楽しいパレードとは対照的な、夜のダークサイドな「コワ楽しい」体験でハロウィーン・シーズンに来場する消費者の理由は確実に強くなるだろうと思いました」とつづっている。

ここでも「コワ楽しい」という、本来であれば対極に位置しそうな言葉が並列されている。二〇一四年十月三十一日には、事前に公募した二〇〇〇人の参加者がゾンビに扮《ふん》してマイケル・ジャクソンの『スリラー』に合わせて踊るイベントも開催された。この「スペシャル・ゾンビ・モブ」は二〇一五年も実施され、三〇〇〇人が集まったという。

ハロウィンと『スリラー』の組み合わせは、カワイイ文化の担い手である「きゃりーぱみゅぱみゅ」によっても実践されている。二〇一五年九月二日に発売された十一枚目のシングル『Crazy Party Night ～ぱんぷきんの逆襲～』がそうだ。振り付けの中に、『スリラー』のダンスの一部に影響を受けたと思われる部分がある。きゃりーぱみゅぱみゅは正式な芸名を「きゃろらいんちゃろんぷろっぷきゃりーぱみゅぱみゅ」と言い、ファッション雑誌のモデルであり、歌手だ。彼女のカワイイの中には、すでにふれた「きもかわ」「グロカワ」「コワカワ」が積極的に位置付けられており、ファッションモデルでもある彼女の実践は、ハロウィンの仮装などにも影響を与えているだろう。

4-3．美少女ゾンビの台頭

日本特有のゾンビ・コンテンツとして、「萌《も》え」とゾンビを掛け合わせたものが挙げられる。美少女が登場するゾンビ・コンテンツだ。具体的には『さんかれあ』や『りびんぐでっど！』『がっこうぐらし！』『ゾンビチャン』『ゾンビが出たので学校休み』『詩音 OF THE DEAD』などがある。これらは、オーソドックスなゾンビ・ハザード物とは異なった展開を見せる。藤田直哉は『新世紀ゾンビ論』[23]の中で、「美少女ゾンビ」を二十一世紀の日本に特有の存在であると指摘している。

『さんかれあ』（はっとり みつる）は、社会的にゾンビ・ハザードが広がっていくのではなく、薬の力によって、猫と女子高生がゾンビ化してしまう、という展開だ。ラブコメ的要素が強いが、ゾンビ化が進行していくと意識の混濁や食人嗜好《しこう》が進んでいく、というシリアスな設定もある。タイトルはゾンビ化してしまう少女、散華礼弥（さんかれあ）からとられているが、この不自然な名前は『サンゲリア』のオマージュである。主人公の男子高校生の名前は降谷千紘（ふるや ちひろ）であり、こちらは『サンゲリア』の監督、ルチオ・フルチからとっている。降谷千紘は、ゾンビ映画が大好きだという設定で、死んでしまった飼い猫を生き返らせるために蘇生薬を作り出す。誤ってそれを飲んだ散華礼弥がゾンビとなってしまうという話だ。これまでにあったさまざまなゾンビ映画からのオマージュが注《つ》ぎ込まれているとともに、ゾンビ映画オタクと生身のゾンビ美少女とのかかわりが描かれている。極めて日本的な作品であると言えよう。

『りびんぐでっど！』については、理由は不明であるが、一度死んだ女子高校生が復活し、生前恋心を寄せていた男子宅に住み着く。こちらは当初からふとした瞬間に肉を食べたくなる性質を持っており、体がもろく各部が取れてしまう。そうした性質も含めてギャグマンガとして描かれている。

『がっこうぐらし！』では、日常系と呼ばれる美少女アニメ『らき☆すた』や『けいおん！』

に登場しそうな萌え要素を持ったキャラクターたちが、ゾンビ・ハザード下で日常を送る様子が描かれている。『ゾンビチャン』では、ゾンビになってしまった美少女たちが送る日常が描かれた。こうした「萌え」を含んだ作品は、海外では見られない。日本独特の進化を遂げたゾンビ・コンテンツであるといえよう。

日本独特のゾンビ・コンテンツとして『セーラーゾンビ』も紹介しておきたい。本作はメディア・ミックス展開がなされており、ドラマ、マンガ、ゲーム作品がある。ここで取り上げたいのはゲーム『セーラーゾンビ』だ。本作は、アイドルグループＡＫＢ48のメンバーが登場するアーケードゲームで、ゲームジャンルは「２人協力ガンゲーム×リズムアクション」だ。本ゲームを紹介するウェブサイトには『撃ちぬけ愛のワクチン弾！』「ゾンビとなったＡＫＢ48メンバーを救うのは君だ！」とある。ストーリーは次の通りだ。

ＡＫＢ48メンバーが特別公演中の事故でゾンビに！

23　藤田直哉（二〇一七）『新世紀ゾンビ論　―ゾンビとは、あなたであり、わたしである』筑摩書房襲ってくるゾンビと化したＡＫＢ48をワクチン弾で撃って救え！
音楽がかかるとＡＫＢ48メンバーが歌っておどる
「怖カワイイ」新感覚の「2人協力 ガンゲーム×リズムアクション」だ!!

ここでも「怖カワイイ」という表現が使われている。このゲームを理解するためには、さまざまな知識や設定が必要になる。そもそもＡＫＢ48というアイドルグループを知っている必要がある。このアイドルグループには数多くのメンバーがいて、それぞれにたくさんのファンがいる。公演と呼ばれるライブを行う存在であることも知っておかなければならないだろう。それとともに、ゾンビの知識も必要である。『ハウス・オブ・ザ・デッド』のようにゾンビを撃って倒すゲームがあることを承知していないと、このゲームスタイルを理解するのは難しい。さらに、ＡＫＢ48メンバーやファンがゾンビになってしまっているのだが、それはどうもウイルスの影響のようである。それゆえに、ワクチンを撃ち込むことが、相手を救うことになるということも理解できないといけない。『セーラーゾンビ』を理解して楽しむためには、これまでに蓄積されてきたさまざまなコンテンツ文化の背景知識を有していなければならないことがわかる。

4-4.「萌え」の誕生

一九八〇年代には、コンテンツの消費者として「オタク」が注目される。オタクの誕生やその展開経緯に関しては、さまざまな文献で繰り返し述べられているが、書籍『族の系譜学』[24]によく整理されている。オタクが登場したのは一九八三年であると言われている。『漫画ブリッコ』の一九八三年六月号に掲載された中森明夫による「『おたく』の研究①町には『おたく』がいっぱい」によって「おたく」という語がはじめて使われた。この中森の記述と『漫画ブリッコ』の一九八三年七月号に掲載された中森明夫による「『おたく』の研究②『おたく』も人並みに恋をする？」の記述を、吉本たいまつは、著書『おたくの起源』の中で次のように要約した。[25]「コミケにいる、普段は運動ができず、クラスの中でも日陰者で、ファッションに気を配らない人々。アニメ映画の初日に並ぶ人々。ブルートレインを撮ろうとして轢《ひ》かれそうになる人々。SFを集めて悦に入る人々。こういう人々

24　難波功士（二〇〇七）『族の系譜学』青弓社
25　吉本たいまつ（二〇〇九）『おたくの起源』ＮＴＴ出版

は以前はネクラやマニアと呼ばれていたが、「おたく」と呼ぶことにする。彼らは互いを「おたく」と呼び合っていて、コミュニケーション能力が低い。また男性的能力が欠如していて、女性に積極的にアプローチすることができず、当然彼女もできない。そこで二次元の世界に逃避している」。このように定義された「おたく」であるが、注目しておくべきなのは、その当初には、コミュニケーション的側面にその焦点が当たっていることであろう。

次に、『族の系譜学』では、「おたく（族）」が思い入れるメディアを、一九六〇年代から一九八〇年代のメディア史としてたどって見せる。一九六〇年代のSF小説からはじまり、ビデオゲームやアニメ、テレビ番組やコミックマーケット、雑誌、パソコン、ビデオデッキの発達などが挙げられている。その中に、特にビデオについて興味深い記述がある。一九八三年末には、日本初のOVA（Original Video Animation）作品『ダロス』が発売され、その翌年には六本のOVA作品が、そして、八七年には年に八十四本もリリースされるようになったというのだ。先述したように、ビデオデッキの普及に伴い、テレビアニメとして放映するにはニッチな作品が、OVAという形でリリースされ、コアなアニメファンはそうしたコンテンツをどんどん体験していった。

そして、一九八九年（平成元年）には、その前年から続いていた東京・埼玉連続幼女殺人事件の容疑者が逮捕された。事件を起こした宮崎勤の自室からはコレクションである大量のビデオソフトが見つかった。この様子がマスメディアによって報道され、容疑者が「おたく」であるとされたことで、「おたく」は社会問題化し、ホラービデオやロリコンマンガ、アニメ等がバッシングされることになった。そして、一九九〇年代以降は、デジタル化が進展した結果として、「族としての、ユース・サブカルチャーズとしての「おたく」は、九〇年代以降、それ以前にみられた強度を失った」[26]と指摘されている。

一九九〇年代以降のオタクの消費行動やオタクが消費する作品を分析することでポストモダン的特徴を見いだした批評家に東浩紀がいる。東浩紀は著書『動物化するポストモダン』[27]において、オタクを「コミック、アニメ、ゲーム、パーソナル・コンピュータ、SF、特撮、フィギュアそのほか、たがいに深く結びついた一群のサブカルチャーに耽溺《たんでき》する人々の総称」とした。つまり、趣味の対象物を挙げることによってオタクを定義してみせたのである。オタクの定義は論者によってさまざまだ。好む対象物を設定した定義もあれば、

26 難波功士（二〇〇七）『族の系譜学』青弓社。
27 東浩紀（二〇〇一）『動物化するポストモダン ―オタクから見た日本社会』講談社現代新書

行動様式や容姿を含むものなどもある。しかし、一九九〇年代を過ぎると、「族」としての一体感は消失していく。また、大澤真幸の『不可能性の時代』[28]には、「今や、オタクは若者たちの間では、まったく一般的な現象である」という記述も見られる。つまり、以前に比べると、そのあり方が、一般化しつつ多様化しているのだ。

オタクの誕生経緯は前述してきたとおりであるが、現代にいたるまでに性質や規模が変化していることを見てきた。『動物化するポストモダン』では、それを前提とし、オタクの世代分類が行われている。まず、第一世代は、「六〇年前後生まれを中心とし、『宇宙戦艦ヤマト』や『機動戦士ガンダム』を一〇代で見た」世代である。次に、第二世代は、「七〇年前後生まれを中心とし、先行世代が作り上げた爛熟《らんじゅく》し細分化したオタク系文化を一〇代で享受した」世代である。そして、第三世代は、「八〇年前後生まれを中心とし、『エヴァンゲリオン』ブームのときに中高生だった」世代である。

この第三世代には二つの特徴がある。一点目は、情報通信機器の利用との親和性が高いことだ。第三世代はインターネットが普及するころに十代を過ごしている。そのため、情報発信や情報編集をウェブサイトやCG制作で行っており、それより前の世代とは流通経路や表現形式、および消費やコミュニケーションの様態が大きく変化している。

二点目は、この第三世代の行動がポストモダン的特徴を如実に表しているとされていることである。『動物化するポストモダン』では、このポストモダン的特徴を示す消費行動として「データベース消費」を提示し、それを行うオタクのコミュニケーション形態に「動物化」の特徴が見られることを示した。「データベース消費」とは、「単純に作品を消費することでも、その背後にある世界観を消費することでも、さらには設定やキャラクターを消費することでもなく、そのさらに奥にある、より広大なオタク系文化全体のデータベースを消費する」ことだ。

この消費形態はオタクの「キャラ萌え」から見いだされた。この「キャラ萌え」とは、萌え要素の集積であるデータベースから抽出された「要素の組み合わせ」によってキャラクターに「萌え」るというものだ。他者とのコミュニケーションに関しては情報交換的であり、特定の情報への関心のみが社交性を支えており、また、そのコミュニケーションからはいつでも離脱可能であるという。こうした消費形態から、「動物化」の特徴が指摘さ

28 大澤真幸（二〇〇八）『不可能性の時代』岩波新書

れた。動物化とは、「各人それぞれ欠乏―満足の回路を閉じてしまう状態の到来」である。つまり、何らかの欠乏を感じた時、他者の存在や他者との交流なしに個人的に満足に向けて行動し、それを手に入れるという行動様式が広がっているという主張である。

コンテンツの体験者に向けられた言葉である「おたく」について整理してきたが、ビデオやインターネットとのかかわりが確認できるとともに、コミュニケーションについても特徴が見られた。また、その欲求対象として「萌え」という価値観があることもわかった。

5　地域はゾンビで甦る？―『ゾンビランドサガ』と「横川ゾンビナイト」

5―1．京都アニメーションとアニメ聖地巡礼

平成元年から、オタクバッシングがあったことは先ほど確認した通りだが、次の年号「令和」を迎えた年にも、ショッキングな事件が起きた。「京都アニメーション放火殺人事件」である。筆者が大学院生の時から研究を進めている対象に「アニメ聖地巡礼」がある。これは、アニメの舞台をファンが探し出して訪ねる行動だ。

詳細は拙著『巡礼ビジネス』[29]『アニメ聖地巡礼の観光社会学』[30]『コンテンツツーリズム研究〔増補改訂版〕』[31]などを参照していただきたいが、一九九〇年代前半から見られたアニメ聖地巡礼は、平成の間に徐々にその存在と有用性が多くの人に理解されるようになり、二〇二〇年現在、国の政策によって支援される対象になっている。たとえば、二〇一八年三月六日に閣議決定された「文化芸術推進基本計画」の三十二ページには、以下の記述がある。「アニメやマンガの舞台となった場所を観光客等が訪れるメディア芸術ツアーにつながるようなコンテンツの創作支援の促進を図るなど、観光振興や地方創生に貢献する取組を推進する」。

アニメ聖地巡礼が多くの人に知られるようになったのには、いくつかの段階がある。一九九〇年代前半の段階では、パソコン通信やインターネットを通じて、熱心なファン同

29 岡本健（二〇一八）『巡礼ビジネス　―ポップカルチャーが観光資産になる時代』KADOKAWA
30 岡本健（二〇一八）『アニメ聖地巡礼の観光社会学　―コンテンツツーリズムのメディア・コミュニケーション分析』法律文化社
31 岡本健（二〇一九）『コンテンツツーリズム研究〔増補改訂版〕　―アニメ・マンガ・ゲームと観光・文化・社会』福村出版

士で情報交換をしあいながら、アニメの舞台を探していた。次にターニングポイントになったのは二〇〇二年に放送された『おねがい☆ティーチャー』の舞台となった長野県大町市の木崎湖周辺で、ファンと地域住民が協力して地域の美化運動や背景原画展を催すなどのさまざまな取り組みを実施し、それを地方紙が取り上げた。

次に、二〇〇七年放送の『らき☆すた』の舞台として、埼玉県北葛飾郡鷲宮町（当時）が舞台となり、地元商工会を中心に、ファン、地域住民、コンテンツホルダーが協力して、さまざまな取り組みが実施された。本取り組みは、マスコミ四媒体（新聞、雑誌、ラジオ、テレビ）に盛んに取り上げられ、アニメ聖地巡礼の知名度を上げ、国の観光政策、文化政策の中に支援対象として明記されていく。その後、『けいおん！』（二〇〇九）や『花咲くいろは』（二〇一一）、『氷菓』（二〇一二）などのさまざまな作品の聖地で、観光・地域振興が行われていった。

前述の京都アニメーション（京都府宇治市）が制作した作品には聖地が存在することが多く、右に挙げた中でも『らき☆すた』『けいおん！』『氷菓』は京都アニメーションが制作を担当している。筆者が勤めている近畿大学も京都アニメーション制作の『Free!』の聖地となっている。放火事件の報道の中には、容疑者が事件現場の下見の際に、宇治市が舞台の『響け！ユーフォニアム』の聖地巡礼を行ったのではないかと推測したものがあった。当時、容疑者も全身に火傷《やけど》を負い、会話できる状態ではなかったにもかかわらず、そのようなことが報道されたが、「オタクバッシング」と同じことを繰り返すべきではない。たとえ、本当にロケ地を回っていたのだとしても、それはアニメ作品を、そして、その舞台を大切に思う人々が巡る「聖地巡礼」と呼べるかどうか、はなはだ疑問である。

京都アニメーション放火殺人事件が起こってから二週間ほど、筆者はほぼ毎日、マスメディアからの数件の取材対応に追われた。その際に驚いたのは、新聞記者やテレビのディレクターの多くが、「京都アニメーションは聖地巡礼のブームを仕掛けたアニメ会社なのか」という質問をしてきたことだった。まずこの質問に答えておくと、これは正確さに欠く。それというのも、京都アニメーションは主にアニメの制作を担っており、資金集め等のより大きな意味での「製作」は製作委員会方式で、他社が音頭をとって行っているものが多いのだ。『らき☆すた』の場合は出版社の角川書店、『けいおん！』の場合はテレビ局のTBSといった具合である。つまり、コンテンツの活用については製作委員会がその方向性を決定するため、京都アニメーションが積極的に聖地巡礼を仕掛けた事実はない。筆者が驚いたのは、京都アニメーションを説明するために、聖地巡礼を持ち出してくることにだった。京都アニメーションはアニメファンにとっては「京アニクオリティ」でおなじみの著名なアニメ制作会社である。世界的にもそのクオリティの高さは有名で、事件後は海外から、ファンやクリエイターなどから、さまざまな支援の動きがあった。ところが、アニメに関心のない人々にとっては名前を聞いてもピンとこない。少なくとも、記者やディレクターは「ピンとこないだろう」と考えた。そこで「よりわかりやすいもの」として「聖地巡礼」が語られたことに驚いたのである。

アニメ聖地巡礼は、一般の人々が聞いてもその内容が理解できるものになっていたのである。そこに至るまで、もう少し説明を続けたい。二〇一〇年代に入り、『ガールズ&パンツァー』というアニメの舞台となった茨城県大洗町が注目される。大洗町は二〇一一年三月十一日に発生した東日本大震災の被災地であり、実際の被災に加え、原発事故による風評被害もあり、観光客の数が激減していた。コンテンツホルダーと地域住民、アニメファンが協働し、さまざまな取り組みが行われた。自衛隊による戦車の展示なども行われ、現地は大いに盛り上がった。これ以前の事例から見られたことだが、アニメファンの中には、アニメをきっかけに地域を訪れ、その地域に愛着を深め、その地に移住してくる人もいた。大洗の事例は、二〇一三年六月には、観光庁による表彰事業「第一回「今しかできない旅がある」若者旅行を応援する取組表彰」で「奨励賞」を受賞した。

その後も、さまざまな事例が見られるが、『ラブライブ！』（二〇一三）の続編である『ラブライブ！ サンシャイン!!』（二〇一六）の舞台となった静岡県沼津市の盛り上がりは現在も続いている。本作に登場するアイドルグループ「Aqours」は二〇一八年末の『第六十九回紅白歌合戦』に出場するに至った。アニメの聖地巡礼がさらに多くの人々に知られるようになったのは二〇一六年だ。具体的には、アニメ映画『君の名は。』の大ヒット、および、その舞台となった場所への聖地巡礼である。二〇一六年の「ユーキャン新語・流行語大賞」に「聖地巡礼」がトップテン入りした。これによって、アニメに関心がない層にも広く知られるに至ったと思われる。

5-2. 佐賀×ゾンビ×アイドル＝『ゾンビランドサガ』

さて、本書はゾンビの本のはずなのに、なぜアニメ聖地巡礼の話を延々と読まされたのか。実は、このアニメ聖地巡礼の文脈にもゾンビが登場したのである。二〇一八年には佐賀県を舞台にゾンビ化した少女たちがアイドルとなって地域をＰＲするという内容の『ゾンビランドサガ』が、作品としても人気を博し、舞台となった唐津市を含め、佐賀県内の聖地巡礼が盛んに行われたのだ。『ゾンビランドサガ』は、二〇一八年十月から十二月にかけて放送されたテレビアニメ作品で、MAPPA、エイベックス・ピクチャーズ、Cygamesの共同企画によるものだ。内容は、一度死亡し、ゾンビとなって甦った少女たちが、プロデューサーの巽幸太郎（たつみ こうたろう）に導かれ、ご当地アイドルグループ「フランシュシュ」を結成して、佐賀県を盛り上げるというものだ。『ゾンビランドサガ』の「サガ」は、まさかの佐賀県の佐賀で、作中には佐賀県の各所が背景として描かれ、佐賀県民がよく知る地元の飲食店や、名産品も登場した。

TVアニメ「ゾンビランドサガ」。AbemaTV、dTV、Netflix、DMM.com、ビデオマーケットほか各プラットフォームにて配信中（※配信は予告なく変更となる場合があります）。©ゾンビランドサガ製作委員会

本作は、ドワンゴがニコニコアンケートで実施した「ネットユーザーが本気で選ぶ！アニメ総選挙2018年間大賞」で大賞を受賞した。本アンケートの回答者は一三万八〇八〇人で、一三・三三%の得票で一位となった。アニメファンと一言で言っても多様で、左ページの表を見ると、男性、女性で好むアニメ作品がかなり違っていることがわかる。当然、年齢によっても異なるし、性別・年齢が近くても、好みの作品は分かれる。

そのような中、『ゾンビランドサガ』は、男女ともに一割以上の票を集めており、また、本アンケートの年代別順位を見ると、十代、二十代、三十代、四十代で一位、五十代でも二位と高い順位であった。

二〇二〇年二月二十六日現在、新型コロナウイルスの影響で、三月八日に東京で予定されていたライブ「ゾンビランドサガ LIVE ～フランシュシュ LIVE OF THE DEAD～」、および、三月十一日から十四日に予定されていた舞台「ゾンビランドサガ Stage de ドーン！」（草月ホール）の講演開催自粛が発表されているが、二〇一八年に放送されたアニメのイベントが盛んになされていることがわかる。また、続編の『ゾンビランドサガ リベンジ』の制作も決まっている。

ネットユーザーが本気で選ぶ！ アニメ総選挙2018年間大賞

年間大賞アニメタイトル（全体）		男性	女性
第1位	ゾンビランドサガ（13.33%）	ゾンビランドサガ（14.20%）	はたらく細胞（17.91%）
第2位	SSSS.GRIDMAN（8.98%）	宇宙よりも遠い場所（10.28%）	ポプテピピック（13.05%）
第3位	宇宙よりも遠い場所（8.96%）	SSSS.GRIDMAN（10.13%）	ゾンビランドサガ（10.27%）
第4位	ゆるキャン△（8.64%）	ゆるキャン△（10.09%）	ジョジョの奇妙な冒険 黄金の風（7.17%）
第5位	はたらく細胞（7.42%）	ゴブリンスレイヤー（6.75%）	ゴールデンカムイ（5.83%）
第6位	ポプテピピック（6.90%）	ポプテピピック（5.16%）	SSSS.GRIDMAN（4.94%）
第7位	ゴブリンスレイヤー（5.93%）	はたらく細胞（4.45%）	あそびあそばせ（4.43%）
第8位	ジョジョの奇妙な冒険 黄金の風（4.84%）	ジョジョの奇妙な冒険 黄金の風（4.18%）	進撃の巨人 Season3（4.37%）
第9位	あそびあそばせ（4.17%）	あそびあそばせ（4.10%）	宇宙よりも遠い場所（4.28%）
第10位	やがて君になる（3.73%）	ウマ娘 プリティーダービー（3.77%）	転生したらスライムだった件（4.21%）

『ゾンビランドサガ』の聖地には、多くの人々が訪れており、筆者が現地で取材をしたところ、聖地の一つである「唐津市歴史民俗資料館」の近隣住民に話を聞くことができた。日本全国から人々が訪れるのはもちろんのこと、海外からもアニメファンが来訪しているという。遠方の国だとブラジルからの来訪があったというから驚きである。しかも、ほかのアニメ聖地と異なり、この場所は特に夕方から夜にかけての来訪が多いというのも興味深い点だった。作中でこの場所は「フランシュシュ」のメンバーが住む館として描かれていて、夜のシーンが多いのだ。一般に、観光資源を見る場合、晴天や明るい時が望ましいと考えられている。ところが、アニメ聖地巡礼のようなコンテンツツーリズムでは、作品の雰囲気を味わうことが醍醐味《だいごみ》の一つであるため、作中で夜や荒天が印象的に描かれているのであれば、同じ条件になった時に観光資源としての価値が高まる。

本作はコンテンツツーリズムの一つの事例としても興味深いが、そもそもコンテンツの内容が地域振興になっている点も注目に値する。ゾンビとなって甦り、ご当地アイドルとして活動する、という、なかなか自然に結びつかない展開なのである。しかも、ここまで整理してきた、「アイドル」や「美少女萌えキャラ」も登場しており、日本特有の要素が詰め込まれた作品になっている。

5-3．観光立国と地方創生

　こうした観光振興や地域振興は、いつごろから盛んに言われるようになったのだろうか。海外から日本への観光客数の推移を見ておきたい。日本政府観光局（ＪＮＴＯ）が発表している訪日外客数（インバウンド）と、出国日本人数（アウトバウンド）を一九六四年から二〇一八年までグラフにしてみた。

　一九六四年時点では、そもそもアウトバウンドよりインバウンドの方が多かった。ところが、その後、アウトバウンドがどんどん増加し、一九七一年以降はインバウンドの数を超え、その後、その差は開く一方だった。そうした中で、二〇〇三年一月に、当時の内閣総理大臣である小

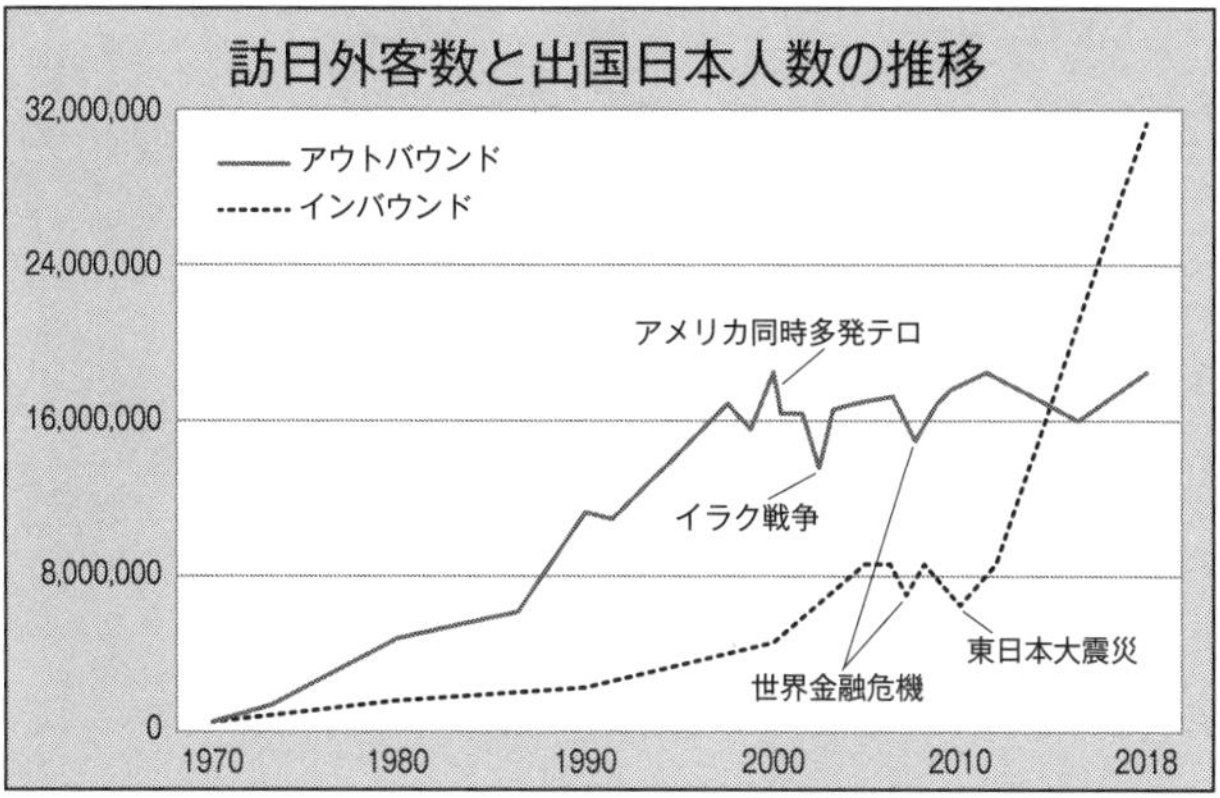

泉純一郎が、観光立国懇談会の開催を決め、第一五六回施政方針演説の中で「二〇一〇年までに訪日外国人旅行者数を一〇〇〇万人に増やす」ことを目標として定めた。その後、二〇〇六年には「観光立国推進基本法」が成立、翌年には「観光立国推進基本計画」が策定され、より詳細な目標数値が示された。二〇〇八年には国土交通省に「観光庁」が設置され、施策を実行する体制が整えられていった。二〇一四年には、安倍晋三総理大臣によって「地方創生」政策が実施された。人口減少社会を背景としており、地方の人口減少への対策が盛り込まれていた。改めてグラフを見てみると、二〇〇三年以降、訪日外客数はそれまでの角度より急に増加している。途中に「世界金融危機」や「東日本大震災」によって減少するが、特に東日本大震災後の伸びがすごく、二〇一八年には三〇〇〇万人を超えた。確かに、観光地を歩くと以前に比べてずいぶんと外国人観光客の数が増えた。各地でオーバーツーリズムが問題になるほどだった。現在は、新型コロナウイルスの流行によって、外国人観光客は激減している。観光は、災害や戦争、経済危機、為替レートの変動、そして、疫病の流行といった外部要因によって大きな影響を受けるが、二〇〇〇年代前半ごろから、外貨獲得の手段として力を入れてこられたのである。

5-4.「横川ゾンビナイト」と「ゾンビだらけのサイエンスパニック」

そうした中、「ゾンビ」で地域振興を行おうという取り組みが出てきた。広島県広島市では二〇一五年から、横川ゾンビナイトというイベントが開催されている。ハロウィンの時期に開かれるこのイベントは、二〇一九年に第五回目を迎えた。ちなみに、なぜこの横川の地でゾンビイベントなのかというと、特段理由がない。本イベントの面白い点はここだ。先ほど見てきたアニメ聖地巡礼などは、アニメの舞台になった場所に人々が集まる現象だった。しかし、この場所とゾンビには、特に関係がない。ゾンビ映画が撮影された場所というわけでもないし、ゾンビ・コンテンツの作者の生まれ故郷といったつながりがあるわけでもない。つまり、具体的なコンテンツではなく、「ゾンビ」というコンテクスト（文脈）を活用したイベントなのである。[32]

横川ゾンビナイトにはさまざまな企画や出店があるが、中でも、広島フェイスペイ

32　岡本健（二〇一八）『巡礼ビジネス　―ポップカルチャーが観光資産になる時代』KADOKAWA

ント組合による「ゾンビ感染所」は多くの来場者でにぎわう。感染所では、五〇〇円、一〇〇〇円、一五〇〇円のうち払った金額に応じた感染率でその場でゾンビメイクを施してもらえる。メイクの心得がなくとも、簡単にゾンビとなり街歩きが楽しめるのだ。

ゾンビ感染所でメイクをしてもらってイベントを巡っていると、ゾンビメイクの効能が感じられた。それは、「何者でもない」自分になれる感覚である。ゾンビというモンスターの特徴として「個性がない」というものがある。意識なくうろつきまわる存在であり、生前にいくらお金持ちだろうが貧乏だろうが、見た目が良かろうが悪かろうが、社長だろうが平社員だろうが、関係なく、皆、彷徨《さまよ》う肉体となる。もちろん、メイクをしたところで本当にゾンビになってしまうわけではないが、ゾンビメイクをすることによって、そうした、現世的な差異が無効化されるのだ。個としての自分ではなくゾンビとしての自分になることができる。イベントの客でありながら、「一緒に写真を撮ってください」と言われたりもする。これは、コスプレイベントに参加した時の感覚とも似ていた。

近畿大学の二〇一九年度オープンキャンパスでは「近大謎解きキャンパス　ゾンビだらけのサイエンスパニック」というイベントが開催された。筆者も監修で参加したが、本イベントではゾンビとのコミュニケーションを一つのテーマとした。参加者は傷シールを体のどこかに貼り、「半ゾンビ」となった状態で、対話ができないゾンビから情報を引き出しながら暗号を解いていくという設定であった。来場者アンケートの結果や当日の参加者の様子を観察していると、やはり、ゾンビに扮した学生とのかかわりが満足につながっていたようだ。スマホを片手にゾンビたちと記念撮影をする様子も多く見られた

地域振興やイベントの文脈では、観光客はどうしても「お客様」であり、地域住民は迎える側というふうになりがちである。一方で、観光客の中には、ただのお客様ではなく、より地域に深くコミットすることを望む人もいる。そんな時に、ゾンビという存在は、すでに確認した通り、極めて役割の流動性が高い存在であり、かつ、匿名的な存在でもある。みんながゾンビ、という状況は、観光者と地域住民の境界を曖昧《あいまい》にするとともに、地域住民同士においても、誰でもない自分になることができる無礼講の場を準備するのかもしれない。しかし、この「場」は、一つ間違うと恐ろしい場に変容することもある。ユニバーサル・スタジオ・ジャパンのイベントであるハロウィンホラーナイトでは、ゾンビメイクをした大量のスタッフがパーク内を徘徊するのだが、数年前の本イベント時に、来場者がゾンビメイクをしたスタッフに対して暴行を加える場面があり、問題化した。これはまさに、映画の中で描かれるような人間によるゾンビいじめを、実際にやってしまった例と言

えるだろう。当然、スタッフは人間であり、立派な暴行事件である。二〇二〇年三月現在、新型コロナウイルスに感染しているかもしれない人に対して、差別的な暴言を吐いたり、暴行を働いたりということもニュースになっている。

以上、第四章では、日本におけるさまざまな場面のゾンビについて考察を進めてきた。アメリカから渡ってきたゾンビは、日本のメディア状況、コンテンツ状況、文化、社会的状況の中で独特の進化を遂げてきたことが明らかになった。

第五章　なぜ人々はゾンビに惹かれるのか

本章では、ここまで論じてきたことをふまえて、最終考察を行いたい。すなわち、ゾンビ・コンテンツの特徴とは何か、なぜゾンビに惹《ひ》かれるのか、に答えてみたい。そして、さらに、ゾンビを研究することによって得られた「見方」や「考え方」を応用して、狭い意味ではゾンビものではない『鬼滅《きめつ》の刃《やいば》』について、考察を行ってみたい。

1. 「だらしなさ」から来る「自由さ」 ―バカバカしさの中に創造性あり

ゾンビ・コンテンツの魅力の一つは、「自由さ」にある。ここまで読み進めて来られた読者はすでにお気づきのことと思うが、ゾンビ・コンテンツには、はっきり言って実にくだらない作品が多い。見終わった後、正直な気持ちとして「時間とお金を返してほしい」と感じるような作品も、それなりにある。しかし、一方で、ゾンビ映画というジャンルは自由な実験場であるとも言える。その中から新たに創造的で魅力的なコンテンツが登場する場になっているのだ。ゾンビ映画は低予算のものが多く、若手監督や新人監督が手掛けることも多い。大作を任されるようになった有名監督も、過去の作品をさかのぼってみるとゾンビ映画やそれに類するモンスター映画を撮影していたりする。低予算の映画であっても、多くの場合、監督や役者は全力でその作品に取り組んでいる。ＤＶＤやBlu-rayには映像特典として、メイキング映像がついていることがあり、それを見ると、スタッフやキャストの考えや撮影の裏側が見え、映画の見方が変わってくる。単純に作品そのものを鑑賞する目線に加えて、「それはいかにして作られたか」を楽しむメタ的な目線が加わるのだ。『カメラを止めるな！』は、その「面白さ」を作品として描いてみせたものとも言える。

このようにして、さまざまな作品を見ていると、中にはいろいろと考えさせられる作品や、面白い表現を持つ作品、のちに手掛ける大作に通じるような作品などに当たることも出てくる。ゾンビ映画を数多く見ていくことには、宝探しのような魅力があるのだ。

さて、ゾンビは、そもそもヴードゥー教という極めて地域性の高い文化現象であった。それが、映画に描かれ、ほかの作品と関わりながら、メディアや国を超えて広がっていくにしたがい、地域性が脱色されていった。登場する場所は秘境や孤島だけでなく、都市や郊外、住宅地など、コンテンツ作品を消費する人々にとって身近なところになり、ゾンビ化の原因としてウイルスが設定されたことで、ゾンビの性質の伝播《でんぱ》は世界レベルで可能になった。その結果、どこでもゾンビ映画が制作されるようになったことで、作られた国や地域の文化に影響を受けて、地域的な特徴を獲得している側面もある。日本においては、ハロウィンの仮装文化でよく用いられるモチーフとなり、テーマパークやイベント、地域振興等に活用されている例もあった。

ゾンビがこのように汎用性の高い存在であることは、やはりある種の「だらしなさ」から来る「自由さ」が理由の一つだろう。アニメやマンガ、ゲームのキャラクターに仮装することをコスプレと言うが、生身の人間の姿を特定のキャラクターに似せようとすると、かなり難しい。その点ゾンビならば、自分の身体と一般的に販売されている衣服をベースに「それっぽく」見せることが可能だ。しかも、ゾンビ・イメージは、それを形成する元のコンテンツが何かによってかなり違ってはいるものの、外見としては、「傷がある」「血が出ている」「顔色や肌の色が悪い」「衣服がぼろぼろ」といった共通点がある。この点さえおさえておけば、見ている側も「あれはゾンビだな」と認識ができるのだ。

つまり、人々の「ゾンビ・イメージ」を形作ってきたゾンビ・コンテンツの設定が、ある種の「だらしなさ」を備えていたため、人々がある程度の自由さを持ってコンテンツを創《つく》ったり、受容したりできたことが、今般のゾンビの広がりを生みだしたと言える。

2．ゾンビは人間自身を見つめなおさせる

ＮＨＫで放送されたドラマ『ゾンビが来たから人生見つめ直した件』というタイトルにもあるように、ゾンビ、あるいは、ゾンビ・ハザードは、それに相対する人間が自分自身を見つめなおす契機として描かれる。

2-1．ゾンビが登場する「非日常」

ゾンビ・ハザードが拡大することで日常が破壊されていくにつれて「日常に適応していた人たち」は力を失っていく。そのような世界では「非日常」への素早い順応が求められたり、「日常」では脚光を浴びなかった人々が活躍し始めたりする。そもそも、ゾンビ・パンデミックから逃れることができるのは、人とのつながりがない人間や人の密集する地域にいない人間、あるいは、一般的な人の行動と異なる行動様式の人間に多い。すでに指摘した通り、ゾンビの感染は、うわさなどと同じく、人と人とのつながり、ネットワークを通じてであるからだ。

ルーベン・フライシャー監督の『ゾンビランド』では、主人公のコロンバスは、友達がおらず、ネットゲームオタクで引きこもりであったがために生き残った。『アイアムアヒーロー』でも、主人公の同僚である三谷が、マンガ家のアシスタントという職業は社交的ではないため感染リスクが低く、社交的な人々は感染しやすいと説明する。あるいは、『28日後…』や『ウォーキングデッド』では、主人公は入院中であったために、最初のゾンビ・アウトブレイクを生き残った。『インド・オブ・ザ・デッド』では、ゾンビ・ハザードの原因はドラッグだが、金がないことや、そうした仲間に入ることができずゾンビ化を免れる。さまざまなシチュエーションが挙げられるが、いずれにせよ、多くの人々が遭遇する状況とは異なる状況に身を置いていたことで助かっているケースが多い。それは、入院などの偶然の隔離である場合もあるが、人付き合いがない習慣や職業であることもよく見られる。

「日常」では階層の下位に位置づけられたり、生き方に何らかの苦難を抱えたりした状態の主人公が、ゾンビ・ハザードが起こったことで、活躍するようになる物語は多い。ゾンビ映画の登場人物の中には、日常生活においても生きづらさを抱えた人々が登場する。『インド・オブ・ザ・デッド』では、主人公たちが会社をクビになったり、女性にふられたりするところから話が始まる。『ワールド・ウォーZ』の主人公も、国連職員を辞めて、自宅でパンケーキを焼く日々を送っていた。『ゾンビスクール！』の主人公は、小説家になるのが夢だが、なかなか芽が出ず、小学校の国語教師として地元に戻ってくる。『Zアイランド』の主人公も、やくざ同士の抗争によって負傷し、組を追われ、トラックの運転手をして客先で怒鳴られながら、刑務所から出所する仲間を待っているところから始まる。ゾンビ映画の主人公たちは、あまり境遇が良くない状態で、さらにゾンビ・ハザードに巻き込まれる。とはいえ、先ほども指摘したように、ゾンビ・ハザードは価値観の転倒が起こり得る世界だ。普通の人でも、ダメ人間でも、敗北者でも、逆転できるチャンスがある。

普通の男がヒーローになる作品として、日本の漫画作品『アイアムアヒーロー』（花沢健吾）がある。映画『アイアムアヒーロー』では、ゾンビ・アウトブレイクから起こる非日常的世界を描写し、その中で「普通の男」が英雄になるまでを描いた。映画版は、主にマンガ版のコミックス一巻から八巻で展開される話をまとめたものになっている。ここからは、この映画版『アイアムアヒーロー』を詳細に見ていくことで、ゾンビがどのように自分自身を見つめなおすことにつながるのかを明らかにしたい。

2-2. マンガの実写映画化作品『アイアムアヒーロー』の分析

映画版『アイアムアヒーロー』は、基本的な設定やキャラクター、ストーリーは原作マンガを踏襲しているものの、映画版にしか登場しない設定やシーンなどがある。マンガやアニメの実写映画化に関しては、作品ファンの中に否定的な意見も多い。原作と実写映画の異なる点を指摘し、それを作品の価値を貶《おとし》めたとする意見が見られる。マンガの実写映画化については、さまざまなテーマが考えられ、それらについて考察するだけでかなりの量の文章を必要とするが、[1] ここでは、マンガの実写映画版について、その是非や評価ではなく、「何を読み取ることができるか」を考えたい。[2] 原作と実写映画で異なる点に注目することによって、作品の理解を深めてみたい。

主人公の鈴木英雄は、恋人の黒川徹子（てっこ）と暮らしながら、マンガ家である松尾のアシスタントをしているが、なかなか芽が出ない。英雄の趣味はクレー射撃で、ショットガンを所持している。自室には、十五年前にとった漫画賞のトロフィーが飾られており、英雄はそれを見て「もう十五年か」とつぶやく。このトロフィーを見つめながら時間について語る描写は映画独自のものだ。

英雄は出版社の編集部に連載用の原稿を持ち込み、編集者に見せる。マンガ原稿の中では、ショットガンを構えた男性が女性に「俺が君を守る！」と宣言している。編集者は英雄の名前を忘れてしまっており、英雄は改めて「鈴木英雄（ひでお）、英雄（ひでお）は英雄（えいゆう）と書いて英雄（ひでお）です」と自己紹介する。編集者からは、「主人公が普通過ぎる」とダメ出しをされる。そこに、新人コミック賞では英雄と同期でありながら、売れっ子漫画家になった中田コロリが現れる。中田は人気作家で、高級腕時計のロレックスをしている。編集担当は英雄そっちのけで中田との打ち合わせに向かいロレックスをほめる。原作でも、編集部での英雄と中田コロリの邂逅《かいこう》シーンは描かれているが、中田がロレックスをしており、それを編集がほめる描写は映画版にしかない。また、英雄が自分の名前を自己紹介するセリフも映画オリジナルだ。映画版では、マンガが没になって帰宅するとてっこが怒り出しショットガンをロッカーごとドアから家の外に投げ捨てる。トロフィーも捨てようとするが、英雄ともみあいになり、トロフィーは床に落ちる。てっ

1　『ユリイカ』二〇一五年十月号 特集＝マンガ実写映画の世界
2　実際に同じような分析を行ってみたい読者は拙著『ゾンビ学』の該当章を参考にしてもらいたい。

こは、英雄の漫画家になると言うのは夢ではなく妄想であると怒鳴る。成功するのは一握りの特別な人で、英雄は普通だと言い、家から追い出す。ドアの外から銃刀法違反になるので銃の許可証を取ってほしいと言う英雄。この一連のシーンは、てっこのキャラクターが原作とは異なるため、原作にはほとんどない。ここまでに登場した「ショットガン」「トロフィー」「ロレックス」「英雄」「普通」を頭に入れておいてほしい。

2-3. 崩壊していく日常の中で参照される「過去」

英雄が最初に出会うゾンビ（ZQN）は、恋人のてっこが変異したものだ。このシーンの迫力は是非映画をご覧いただきたいが、英雄は襲いかかってくるてっこZQNをつきとばし、その拍子に床に落ちていたトロフィーが後頭部に刺さって、てっこZQNは停止する。てっこが襲いかかってくるのは原作と同じだが、とどめのさし方が異なる。なぜ、「トロフィー」が頭に刺さる、という描写にする必要があったのだろうか。映画版で印象的に映し出される「トロフィー」について、時間を象徴するものとして解釈してみよう。英雄にとっては「トロフィー」は自分の仕事が過去に認められた根拠だ。一方で、てっこにとって「トロフィー」は、英雄に現実から目を背けさせ、過去の栄光に逃避させるものだ。Z

QNになる前に、てっこは現実を見るよう、自分のことを考えるよう英雄に迫っていた。てっこは「トロフィー」という過去の象徴物に負けたのである。

その後、職場や町が徐々にゾンビ・ハザードで崩壊していく様子が描かれる。英雄は、タクシーを拾って逃げようとする際、女子高生の早狩比呂美と出会い、行動を共にする。タクシーの運転手もZQN化してしまい、暴走したタクシーはほかの車と衝突、横転してしまい、英雄と比呂美は気を失う。目覚めた二人は、スマートフォンで電子掲示板を確認する。標高が高いところでは感染しないという情報があり、富士山を目指す。途中、神社の境内で夜を明かそうとする。担いでいたショットガンをカバーから出して肩にかける英雄。本物ならどうして今まで使わなかったのかと問う比呂美に英雄は、公共の場では、出すだけで銃刀法違反になると説明する。比呂美は、ならどうして今は出しているのかと問う。英雄は、今は暗いし二人だけだからと説明し、ショットガンは「おまもり」だと言う。比呂美は「おまもり」という言葉を聞き、自分にとってのおまもりは、携帯音楽プレイヤーに入れた音楽『Home on the Range』だと言う。お母さんがよく歌ってくれたのだそうだ。イヤホンの片方を渡して英雄にも聴かせる。「私、比呂美です。おじさんは？」英雄は答える。「英雄（ひでお）、英雄（えいゆう）って書いて英雄（ひでお）」。「英雄（えいゆう）、ヒーローだ」と比呂美。「名前だけね」。眠る二人。目覚めた英雄は、肩で寝ている比呂美の首筋に噛み傷があることに気づく。一旦は比呂美にショットガンを向ける英雄だったが、殺すことを躊躇《ちゅうちょ》し、英雄は「俺が君を守る」と宣言する。

ここでは、英雄にとってのショットガンの意味が説明される。彼にとってショットガンは自分を物理的にはもちろん、精神的に守ってくれる「おまもり」なのだ。確かにマンガが没になった日の夜に自宅でも、こっそり出して構える姿を確認していた。ただ、そのおまもりは、法律によって非常に厳しく制限されたものだ。実は、タクシーに乗ろうとする際、サラリーマン風のZQNが襲い掛かってこようとし、その時に英雄はショットガンを構える妄想をする。実際は出しておらず、自宅外でショットガンを出したのは、神社のシーンが初めてだ。英雄は、てっこに追い出された時も、怒り心頭のてっこに許可証を求めるほど、法律を遵守《じゅんしゅ》しようとしていた。一方の比呂美はおまもりとして携帯音楽プレイヤーに入った音楽を挙げる。その後、比呂美に感染の疑いがかかるが、英雄はむしろ比呂美を守ることを選ぶ。そこで、自分が描いていたマンガと同様の状況になり、登場人物と同じセリフを発する。英雄は自分の「理想」に少し近づき、生き生きとし始める。

2-4. 人間とゾンビの「間」の存在

二人で山中を進むが、徐々に体調が悪化した比呂美は携帯音楽プレイヤーを英雄に託してZQN化する。謝りながら逃げ出す英雄、山道に作業員風の人影を見つけて声をかけるとZQNであり、襲い掛かられる。[3] 作業員ZQNに噛まれる寸前で、比呂美に助けられる。比呂美の目は片方だけZQN化し、パンチ一発で作業員ZQNを吹き飛ばすほど強くなっていた。英雄は一度はその場を去ろうとするが、無言でたたずむ比呂美を見て、やはり連れていくことにする。比呂美はしゃべらないが襲い掛かってくるわけでもない。

比呂美は、人間とゾンビの「間」の存在である「半ZQN」となった。比呂美は、過去に縛られつつも、前向きに未来を生きようとする側面もあり、それが半ZQNという存在を生みだしたのかもしれない。英雄の立場では、せっかく自分の理想（妄想）に近い状況となり、張り切っていたものの、結果的には比呂美はZQN化し、逆に強くなった比呂美

3 本作には、このように後ろ姿を人間だと思って近づくと、振り向いたらゾンビだったという「のっぺらぼう」の話のような展開が数回見られる。

に守られてしまう。その後、コミュニケーションがとりにくくなった比呂美を連れて山中をさまよう。英雄の妄想は裏切られるが、比呂美を守る、という意識は継続してもっている。人間とゾンビの「間」の存在が、本作にも登場する。人間とゾンビは、たとえば「死」を隔てる場合は、生き返ることはない。ウイルス感染型であっても、ゾンビ化してしまうと元に戻らないものが多い。そのような中で、近年のゾンビ・コンテンツでは、こうした「間」の存在が描かれる作品が増えている。

2-5. 新たに構築される「秩序」

山中の舗装道路に出たところ、カートが放置されていた。カート内には菓子などの袋が散乱しており、英雄は食料が残っていないか物色するが、食べられそうなものはない。カートの前面には、「FUJI ROYAL OUTLET PARK」とある。カートに比呂美を乗せて進み、アウトレットモールに到着する。そこで英雄はショップ店員ZQNに襲われるが、「藪《やぶ》」と名乗る女性を筆頭にした人々に助けられる。水の補給部隊のようだ。ZQNと戦いながら、立て籠《こ》もっている場所を目指す。英雄は、店内にあったスカーフを取り、比呂美のZQN化した方の目を隠すようにまき、比呂美を乗せたカートを押してついていく。生き残った人々は、アウトレットモールの屋上にテントを張って暮らしていた。集団のリーダーである伊浦が英雄を案内する。資材庫の管理をしているアベサンに伊浦は「一式お願いします。寝袋は二つ」と依頼する。生活用品一式を持ってきたアベサンの腕に高級時計のロレックスが巻かれている。注目する英雄。アベサンは、奥からプラスチック製のかごにロレックスを満載し「どうぞ、好きなの」と英雄に薦める。

アウトレットモールに生存者が暮らしているという設定は原作通りだが、アウトレットのレザーショップで英雄がジャケットを物色し、店員ZQNに襲われるのは映画版のみだ。レザージャケットを着て銃を構えるポーズをとる英雄は、やはり自分の理想像を追い求めている。ただ、商品の値段が高いことに気づき、ひるんでしまう。その瞬間、ZQNに襲われ、間一髪で助けられる。ショットガンやレザージャケットなどを身に着け「男らしく強い自分」にあこがれながらも、その都度、比呂美や藪に助けられている。また、ここでは「ロレックス」が再登場する。売れっ子漫画家の中田がロレックスをしていたが、ここでは、もはや好きなものを選んで身に着けられるような状態になっている。直前に英雄が物の値段を気にするシーンがある点からもわかりやすいが、もはや金銭的な価値という秩序が意味をなさなくなっていることが表現されている。

夜になり、藪と話す英雄。藪は英雄が比呂美を見捨てずに連れてきたことを褒め、「ZQNはみんな過去の記憶の中に生きてる。そっちのほうが、幸せかもね」と言う。藪は看護師でありながら、病院の患者たちを見捨てて逃げてきてしまったことを後悔している。その負い目から、比呂美を気に掛け、助けようとする。アウトレットモールの屋上からはさまざまなZQNが見えているが、どれも生前の習慣を繰り返しているようだ。伊浦に呼びだされた英雄は銃を渡すように言われ、次のようなやり取りをする。「人に貸すことが禁じられてまして」「誰に?」「法律で」「ここの法律は僕です。死んじゃいますよ。人質。かわいい女子高生」。比呂美は襲われるが抵抗し、そのはずみでスカーフが外れてZQN化していることがばれてしまう。伊浦はボウガンで比呂美を撃ち、英雄はショットガンを奪われて蹴られる。伊浦の部下であるサンゴは、英雄から取り上げたショットガンを渡すように伊浦から言われるが、従わない。それどころか銃口を伊浦に向け反旗を翻《ひるがえ》す。伊浦は「ニートが」と吐き捨てる。それに対してサンゴは言う。「今、み〜んなニート。いい世の中になったもんだ。ぴょーどーで」。

ここでは、ZQNの生態が説明される。やはり「過去」にこだわりをもち、生前の習慣を繰り返す存在であることが明らかになる。また、英雄が遵守してきた「法律」についての問答がある。秩序の崩壊した世界では、ルールは人によって決められるものであり、超越的な法律によって規制されているという理屈がもはや通じなくなっている。アウトレットでの法はリーダーの伊浦によって決定されていたが、その伊浦もサンゴによって、同じ理屈でリーダーの地位から引きずり降ろされ従う側に回る。「ニートが」という捨て台詞《ぜりふ》もゾンビ・ハザード以前に存在した社会規範に照らさないともはや悪口として機能しない。

2-6. 「未来」に向かって歩き出す

暴行を受け、ぼろぼろの英雄。藪とともに比呂美を見に行く。藪は、比呂美を見て言う。「まだ生きてる。わかる？　かすかに脈がある。普通、ＺＱＮには脈なんてない。ウイルスに感染したら、心肺が停止するんだから。私は逃げたんだ、病院から、患者みんな見捨てて」。そう言って、逃げるつもりなら手伝うと申し出る。英雄は言う。「もう、銃も、何もなくなっちゃいましたよ。撃てませんでした。何度もチャンスはあったのに」。藪は、人間を撃たなかった英雄の判断は間違っていないと言う。英雄は強い口調で答える。「でも結果これです。こういう奴なんです。世界がひっくり返っても変われない。なんにもなれない。もううんざりです。自分に。すいません。役に立たない人間で。すみません。比呂美ちゃんをよろしくお願いします」

藪は、過去にこだわりながらも、英雄と比呂美を助けることで未来に力を尽くそうとし始める。一方の英雄は、自分の「おまもり」であるショットガンを取られ、自信を喪失してしまった。ゾンビ・ハザードの非日常下で、伊浦のようなリーダーになることができないのはもちろん、サンゴのようにもなれなかった。伊浦は、留学経験があると言い、おそらくそれなりに裕福な暮らしをしていたのだろう。一方のサンゴは、伊浦にも言われるように「ニート」だった。英雄はどちらかと言うと境遇はサンゴに近い。英雄自身はショットガンという武器を持ち、同じことをする機会があったにもかかわらず、比呂美を守ることができなかった。そのことを見せつけられたのだ。

食糧を得るために食糧庫を目指す一行。サンゴをリーダーとして、ゴルフクラブを持たされた伊浦が先頭だ。英雄はプラスチック製の小さなハンマーを持たされている。その最中に一人離れた伊浦は、警備員室に向かい、電気をつけ、大音量で音楽を流すことで、ZQNを迎え入れる。英雄は逃げ遅れ、食糧庫のロッカーの中に身を隠す。ロッカーの中から外を見る英雄。ZQNが二体うろついている。落ちているトランシーバーから藪の声がする。「屋上がやられた。全員やられた」「助けて」「助けろよ」。意を決してロッカーから出ていく英雄。すぐにZQNにつかまり鼻を食いちぎられる……、という妄想をする。また、意を決してロッカーから出ていく、次は首の両側を噛まれる……、という妄想……。想像の中で何度もロッカーを出るが、襲われる結果しか思い浮かばず出ていけない。トランシーバーからまた藪の声が聞こえる。「人まかせで死ぬんじゃねぇ」「比呂美ちゃんどうすんだ」「自分で助けろ」「てめえで助けろ」。ロッカーの中にあった鏡で自分の姿を見て泣く英雄。叫びながらプラスチック製のハンマーを振り回して飛び出す。そこには誰もいなかった。……と思いきや、横から英雄の腕に噛みついてくるZQN。英雄は、腕に大量のロレックスを巻いていたおかげで噛まれずに済んだ。近くに置いてあった消火器でZQNを殴る英雄。トランシーバーに「今行きます」と宣言する。

クライマックスに向けて、混乱状態が大きくなっていく。ここでは、英雄が自分の妄想的な予想を振り払って、ショットガンを奪われた状態で勇気を出す場面が描かれる。英雄の予想は外れてしまうが、ZQNに襲われる部分は現実となる。しかし、ロレックスを大量に腕に巻いておくことで、最悪の状況は避けることができた。ここではロレックスがプロテクターのように物理的に身を守るものとして使われている。「時計」という機能や、「ブランド品」であるという意味付けとは全く関係のないあり方で使用されているのが面白い。

これまで「妄想」や「空想」が先に立って実際に動けなかった英雄が、それらを打ち破って、現実の「未来」をつかみ取ることができたシーンだと解釈できる。

逃げる一行のもとにアベサンが向かってくる。なんと、うしろには大量のZQNを引き連れていた。逃げようとするが、逆方向からもZQNの大群が現れる。両側から迫るZQNに対し英雄は「残り九十六発。あるだけ倒します」と宣言する。ヘッドホンをして撃ち始める英雄。藪、サンゴ、アベサンもそれぞれにZQNを倒すために奮戦するが、サンゴ、アベサンが倒れる。藪、サンゴ、アベサンもそれぞれにZQNを倒すために奮戦するが、サンゴ、アベサンが倒れる。英雄も藪も肉体的に限界だ。力尽き、比呂美のそばにしゃがみ込む英雄。同じく疲れ切った藪を見て、奮起する英雄。英雄は、腕にしたロレックスを次々にはずし、肩をぐるぐると回して、ヘッドホンもせず、どんどん撃つ。撃ち続ける。全て倒して安堵《あんど》し、座り込む英雄。

ここで、またもやロレックスが効いてくる。ロレックスは、消費社会の象徴的なものであり、また、仕事における成功者である中田コロリが身に着けていたものだからだ。そしてロレックスは「時計」でもある。時計は時間の象徴だ。腕を噛まれないために巻いていた時計であり、自分の身を守るのに役に立っていたが、しかし、それは自分の動きを縛るものでもあった。その「時計」=「過去」を一つ一つ外していく。ここで、英雄は過去の情けない自分から完全に解放されたのである。

　最後に残った強力なＺＱＮは、頭を半分吹き飛ばしてもまだ動いている。ＺＱＮは藪と比呂美の方を見る。「うそだろ……」と英雄。走り出すＺＱＮ、英雄も走っていき、ＺＱＮの頭部に向かってショットガンの銃身をフルスイングする。回転して倒れるＺＱＮ。目を閉じて比呂美を抱きしめていた藪が目を開くと英雄が立っている。「ヒーロー」比呂美がつぶやく。死体の山の中で帽子をかぶりなおし、振り向く英雄。後ろから日が射し、まさに英雄のいでたちだ。ショットガンは、全編を通じて英雄の精神的な「おまもり」だったが、最後は、その機能すらない状態で、ＺＱＮに立ち向かって勝利したのである。

　藪が運転する自動車でアウトレットモールを脱出する一行。比呂美は助手席にすわっている。英雄は後部座席。アウトレットを抜け出す。屋上から見下ろすＺＱＮたち。たばこを吸う藪。手をじっと見つめる英雄。藪が名乗る。「あたし、小田つぐみ」英雄「えっ」藪「本当の名前」英雄「案外、かわいらしい」藪「うるせえな」「あんたは?」英雄「鈴木英雄」藪「英雄?」英雄「ただの英雄です」藪「了解」。浮かび上がる「I AM A HERO」の文字。

　最後に自分を紹介する時には「英雄と書いて」という説明をしなくなっている点に注目

してほしい。「ただの英雄」と言っている。英雄は、過去にすがったり、未来を妄想したり、無理に普通を脱することにこだわったりせず、今、ここを見据えて「ただの英雄」として、生きていけるようになった。ようやく、真のヒーローになった、というわけだ。

以上、確認してきた通り、ゾンビ、あるいは、ゾンビ・ハザードは、それに直面した人間に自分を見直させる。そこで自分は変化するのか否か、その変化はどのような変化なのか、そういったことを考えさせる世界を描いているコンテンツであると言える。

3. ゾンビは自分や大切な人がそうなるかもしれないものでもある

ほかのモンスターとは異なるゾンビの特徴の一つは、人間の姿をしていることだ。ゾンビは非人間でありながら、もともと人間であったものであるので、人間の面影を残している。この点が、ゾンビという存在に対する恐怖感を不思議な形にしている。すなわち、ゾンビは人間の身体がベースとなっているため、一部を除いて、人間の身体という制約にしばられている。たとえば、空を飛ぶとか、超能力を持っているとか、すごい兵器を使うとか、ものすごい怪力があるとか、そういった「特殊な能力」を持っていることは少ない。

　そして、ゾンビは、特に高次の脳機能については、人間より劣っていることが多い。外界を認識したり、記憶したり、思考したりする「認知」や「精神」の面で、多くの機能を失っている。それゆえ、むしろゾンビは人間と比べて、ある意味では弱い存在なのだ。

　ゾンビに嚙まれた人間に、ゾンビの性質が伝染することによって、ほかのモンスター映画にはないシーンが描かれる。それは、登場人物たちが、自分自身がゾンビになってしまう事態や、自分にとって大切な人がゾンビになってしまう事態に対処するというものだ。

　サメ映画でサメに食べられてしまった人は死亡してしまう。この時、登場人物たちの心情としては、大切な人が奪われてしまった悲しみと、自分自身も同じように死んでしまうかもしれないという恐怖が予想できる。誰も、「サメに食べられた被害者は、その後サメになって襲ってくるだろう」とは思わない。[4]

　ところが、ゾンビはそうではない。将棋で自分の駒が相手に取られると、敵側にまわっ

4　ただし、そういう映画が絶対にないとは言い切れないところが、サメ映画の面白いところではある。

てこちらを攻めてくる道具として使われてしまうように、人間はゾンビに襲われると、ゾンビ側にまわって人間に襲い掛かる可能性がある。しかも、それほど姿は変わらず、不思議な力を身につけているわけでもなく、ただ「ゾンビ」として眼前に現れるのだ。

そうすると、襲われて死亡するかもしれないという恐怖感に加えて、自分が人を襲う存在になるかもしれないという恐怖や、大切な人が人を襲う存在になってしまうかもしれないという恐怖が追加される。もし、そうなったら自分はどうすべきなのか、そうした葛藤が生じるため、より複雑な心理状況になる。コンテンツの一部にこうしたシーンが出てくるものも多いが、この点に絞って描写しているものもある。

自分がゾンビになってしまう状況を描いたゾンビ・コンテンツがある。たとえば『スリーデイズ・ボディ　彼女がゾンビになるまでの3日間』（二〇一三、監督：エリック・イングランド）や、続編の『アフターデイズ・ボディ　彼女がゾンビと化した世界』（二〇一六）では、主人公が徐々にゾンビ化していく様子を描いてみせた。『トウキョウ・リビング・デッド・アイドル』（二〇一八、監督：熊谷祐紀）では、ゾンビに噛まれてしまったアイドルが、ゾンビ化までのタイムリミットである七十二時間以内に解決方法を探す様子が描かれる。あるいは、『ラストハザード　美しきジハード』（二〇〇六、監督：マーク・フラット）

では、ゾンビ目線のゾンビ映画であり、人間から差別される様子などが描かれた。あるいは、ゾンビウイルスに侵された夫を守ろうと妻が奮闘する『ゾンビ・リミット』（二〇一三、監督：マヌエル・カルバージョ）や、同じくウイルスに侵された娘を守ろうと、アーノルド・シュワルツェネッガーが演じる父親が苦悩する『マギー』（二〇一五、監督：ヘンリー・ホブソン）などは、大切な人がゾンビ化していく危機を描く。その中では、守ろうとする主人公の葛藤と同時に、自分がゾンビになってしまう守られる側の登場人物の葛藤も描かれる。

ゾンビは、自分がそうなるかもしれない、大切な人がそうなるかもしれない、という想像力を喚起する存在なのだ。そうすると、そうした存在との「共存」があり得るのかどうか、ということに考えが至るのは容易に想像できる。

たとえば、『ショーン・オブ・ザ・デッド』では、主人公の友人がゾンビ化してしまうが、ラストシーンでは人間とともにテレビゲームを楽しんでいる。『玉川区役所 OF THE DEAD』でも、主人公のパートナーはゾンビ化してしまうが、時折ゾンビになって暴れるパートナーを抑え込み、薬を投与しながら、ともに働き続けている様子が見られる。つまり、「ゾンビ」はもはや、一方的にやっつけて解決できる問題ではないのである。このようになってくると、「ゾンビ」は「他者化」の比喩と捉えることができる。「他者化」というのは、それまでコミュニケーションが取れていた人々が、そうではない状態に陥ることを指す。

現実においても、たとえば過激な思想や価値観に染まってしまい、他者を攻撃するようになってしまうことがあり得る。それは家族や友人、知人がそうなってしまうかもしれないし、ふとした瞬間に自分自身がそうなってしまうかもしれない恐怖を喚起する。あるいは、認知症やうつ病などについても、同様である。ついこの間まで親しくしていた相手が自分のことを認識しない人になってしまったり、性格がすっかり変わってしまったように見えたりする。このような事態以外でも、程度の差はあれ「他者化」はさまざまな状況で垣間見える。我々は、自分も含めて、常に変化しながら生きているのだ。ゾンビは、このように複雑な恐怖をはらんだ存在なのである。

4. ゾンビは他者との関係を考えさせる

それでは、人間とゾンビの共存は可能なのだろうか。ここで、二〇〇〇年代のゾンビ映画に起こった大きな変化について思い起こしておきたい。それは、「走るゾンビ」の登場だった。『28日後…』や『ドーン・オブ・ザ・デッド』のヒットによって、ゾンビの代表的特徴であった「ゆっくり動く」という特徴は、大きく変化した。当然、これまでのゾンビの変化と同様、それまでの「動きの遅いゾンビ」も引き続き登場しているが、その存在を規定する中心的な特徴が変化したものが現れたことに違いはない。この移動速度の上昇は、移動社会および情報社会における価値観の伝播スピードが速くなったこととの関連を読み取ることができた。

ここからは、価値観の異なる「他者」との関係性に注目して、人間とゾンビの関係性について考えていこう。マンガ『学園黙示録 HIGHSCHOOL OF THE DEAD』では、ゾンビの「他者性」が極めて明示的に描かれる。作中で、ゾンビ化した人々のことを「奴ら」と呼ぶのだ。『アイアムアヒーロー』の中でも、ゾンビのようになってしまった人々のことを「ZQN」（ゾキュン）と呼ぶ人々が描かれる。「ZQN」とは、現実世界のネットスラングである「DQN（ドキュン）」を元にした造語である。「DQN」とは、不良的な見た目や行動を行う人々、あるいは非常識な行動を取る人のことを指す。不良少年を指す「ヤンキー」という語に近い意味を持つ語だ。テレビ番組『目撃！ドキュン』に登場しそうな人々ということで、番組名から「ドキュン」と名づけられ、それが隠語的になり、「DQN」と書き込まれるようになった。こうした現実に存在するネットスラングをもじって作中では「ZQN」と呼んでいる。つまり、名づけからしても、「あちら側」と「こちら側」に分けている。

学生たちの会話を聞いていても、「リア充」「陽キャ」「パリピ」といった「明るく社交的な人々」と、その反対の「非リア」「陰キャ」「コミュ障」といった言葉を使って、「自分たち」と「それ以外」を分けて語る場面がよく見られる。これらの呼び名は、まったく絶対的なものではない。Aという人から「リア充」と呼ばれているBという人が「私はコミュ障だから……」と言って悩んでいることは珍しくない。こうした価値観が対立する社会の中で、どのように生きていくのか、「他者」にどのように対峙《たいじ》するのか、逃げるのか、戦うのか、それとも別の道があるのか……。そういうサバイバルを描いた作品群なのである。

こうした見方を採用してみると、ゾンビ・コンテンツを新たな視点でとらえなおすことができる。たとえば、イケメンゾンビが登場するラブロマンス映画『ウォーム・ボディーズ』だ。本作のゾンビの動きは遅い。意識は存在し、モノローグでは雄弁である。実際に言葉を発することは難しく、ささやくように単語をつぶやくだけだ。作品の冒頭で、主人公のゾンビR（自分の名前の頭文字しか覚えていない）がつぶやくモノローグの日本語字幕を一部抜粋して紹介しよう。

『ウォーム・ボディーズ』Rのモノローグ

・俺 どうしたんだろ?
・顔色も悪いし　不健康な感じだし
・こうも姿勢が悪くちゃー
・人にバカにされる
・それに人と つながりたい
・なぜ つながれない?
・そっか
・俺 死んだんだ
・みんなも死んだんだよな
・この子も あの男も
・そっちの角の人も　みんな ヨレヨレ

【タイトル】Warm Bodies

・自己紹介したいけど　名前が…
・最初は〝R〟あとは忘れた
・両親の名前も 俺の仕事も
・みんな 仕事は何だった?
・清掃スタッフ
・企業の経営者の息子
・ジムのインストラクター

・でも今はゾンビ
・なんで こんなことに　なったんだ?
・化学兵器か　ウイルスか放射性物質か
・とにかくゾンビになった
・毎日 こんな感じだ
・ヨタヨタ歩いて 人に　ぶつかっても言葉も
発せない
・前は違ったはずだ
・もっと人と気持ちを　伝え合ってたし—
・一緒に楽しく過ごしてた
・今は大勢が なぜか　空港に住んでる

このモノローグは、ゾンビ「R」が空港をヨタヨタと歩きながらなされる。前記のモノローグの途中、「前は違ったはずだ」から「一緒に楽しく過ごしてた」まで、ゾンビ・アウトブレイクが起こる前の空港の様子が回想シーンとして映し出される。Rの周りをカメラが回りながら、にぎやかな空港を映し出すこのシーンを注意深く見てみると、画面に映る人々は、一〇〇%何らかのメディアに目を落としていることに気づく。携帯電話、スマホ、携帯ゲーム機、新聞など、さまざまなメディアに夢中で、人と直接対話している場面はまったく映らない。つまり、ゾンビになる前から、対面でのコミュニケーションはできていない。

「メディアを通したコミュニケーションは対面よりも薄い」などという主張を展開したいわけではないが、セリフとして語られる「もっと人と気持ちを伝え合ってたしー」「一緒に楽しく過ごしてた」という言葉を鵜呑《うの》みにできるシーンではないと考えられる。本シーンからも、本作の「ゾンビ」は、他者との出会い方がわからなくなった人間の比喩として描かれていることがわかる。

本作のゾンビのオリジナリティが高いのは、ゾンビの「さらにあと」の存在があることだ。モノローグの続きを見ていこう。

・出た！　彼らはガイコツ
・心臓の脈打つものなら　何でも食う
・俺には まだ葛藤があるけど—
・いつか食べ始める時が　来るかも
・すべてに絶望して　ブチ切れたら…

・やめろグロい　ちぎるな
・あれが俺の将来の姿だ　落ち込む
・ゾンビはイヤだ
・寂しくさまよって…

「いつか食べ始める時が　来るかも」から「あれが俺の将来の姿だ　落ち込む」の間には、

次のようなシーンが映し出される。床に座りこんだ男性ゾンビが、自分のほおから口にかけての肉をちぎって食う様子だ。どうやら、ゾンビでいる時間が長くなると、最終的に自分を食べ始め、その後、「ガイコツ」という存在となって、躊躇《ちゅうちょ》なく人間に襲い掛かるようになるようだ。つまり、「ゾンビ」は、生きている「人間」と完全なる他者で非人間である「ガイコツ」との「間の存在」なのだ。とはいえ、Rを始めとしたゾンビたちも、人間に襲い掛かって食う性質は持っている。本作では、この食人の理由が非常に興味深い。人間を襲って食おうとするシーンのRのモノローグを見てみよう。

・我ながら恥だ
・ちょっと　見ないでくれるかな
・人食いは気が重いけど　仕方ない
・新しい飢えは強力だ
・もし脳を食い残したら—
・彼はゾンビになる
・でも脳を食うと　俺は　彼の記憶や感情を体験できる
・ごめんやっぱり食う　脳は最高なんだ
・また〝人間〟を味わえて
・欲しいのは—
・君の思い出だ
・ちょっと　いい気分
・生きてる気分だ

人間を食うのは「飢え」からであるとしているが、人の「脳」を食うと、その人の記憶や感情を体験できるというのだ。これまでのゾンビ・コンテンツで描かれてきた、ゾンビに襲われた人々の中に残らず食われてしまう人と、ゾンビ化してしまう人がいるのはなぜか、という疑問に答える理屈を用意している点も興味深い。

つまり、本作のゾンビは、記憶や感情を失いかけており、他者との交流の仕方がわからず、人間性を回復したい存在であると言えよう。しかも、人間の脳を食ってよみがえるのは、自分の記憶ではない。あくまで、その脳の持ち主の記憶なのである。他者の記憶を味わうことで、自分の存在を確かめているという、ねじれた状態なのだ。

これは、何の比喩だと捉えることができるだろうか。自分の生きる意味は喪失しつつあり、他人の記憶や思い出を食らいながら生活している。Twitter や Facebook といったSNSを通じて、他者の生をうらやみながら生きている現代社会のコミュニケーション状況の比喩と解釈することが可能だ。ゾンビには葛藤があり、また、内面の意識は持っているが、そのまま時を過ごせば、躊躇なく人間に襲い掛かる「ガイコツ」という存在になる。ガイコツの動きは素早い。素早く動いて、自分の価値観にそぐわない（ガイコツではない）他者に襲い掛かる。作中では、Rは人間の女性に恋をしたことで、心臓が再び鼓動を打ちはじめ、人間に戻る。それを見て、ほかのゾンビたちも人間に戻り始める。

日本のマンガ作品『異骸』で描かれるゾンビは、『ウォーム・ボディーズ』とは異なるアプローチで、他者としてのゾンビを描く。本作では、ひとたびゾンビに噛まれると、噛まれた者もゾンビになり、生きている人間に襲い掛かる。これは、これまでのゾンビ・コンテンツと同様だ。身体能力としては、生きている際と同じで、動きは速い。ところが、本作が独特なのは、一定時間たつと、意識を取り戻す点にある。意識が戻ったままでいてくれれば何の問題もないが、さらに一定時間経過すると、再度ゾンビとなり、生きた人間に襲い掛かる。つまり、コミュニケーションが取れる状態と取れない状態を繰り返す存在となる。こうした状況では、何が起こるだろうか。それは、ゾンビになってしまった人々と生きている人々の間での疑心暗鬼と対立、その状況にあって、何とか殺し合わずに済む方法はないかを模索する姿だ。生きている人々は、ゾンビになってしまった人々に恐怖し、恐怖の余り相手を排斥しようとしてしまう。ゾンビになってしまった人々は、自分たちの不遇を嘆き、その上、自分たちに危害を加えようとする生者を憎む。人間の中でも意見は割れ、ゾンビの中にも穏健派と過激派が出てくる。どの立場を取るのか、誰の味方をするのか、この状況を生み出したそもそものゾンビ化現象は止められるのか、こういった問題にキャラクターたちが挑む物語なのだ。

『ウォーム・ボディーズ』も『異骸』もこれまでのゾンビ像から大きく逸脱した特徴を持っている。ゾンビになってしまうことは、すなわち人間としての「死」を意味する作品が大半である中で、ゾンビを、人間が何かに変化してしまう際の「間の存在」として描いて見せる。そして、その「人間と少し異なる性質」を持った異人間とどう対峙するかが模索される。さらに、人間側もゾンビ側も多様で一枚岩ではない。こうした新たなゾンビ・コンテンツは、一つの問題についての対立軸が複数あるような、複雑な社会の寓話として機能するものになっている。

5. これもゾンビですか？　――『鬼滅の刃』をゾンビ学で読む

5-1. 人間vs異人間

現代日本では、「ゾンビ的な存在」が現れ、人間と対峙するコンテンツ作品が人気を博している。たとえばマンガの、『進撃の巨人』『東京喰種　トーキョーグール』『亜人』などがそうだ。これらの作品で描かれるのは、次のような「人間と似た部分はあるが異質な存在」と人間が対峙する世界である。

『進撃の巨人』では、人に襲い掛かって食らう巨人が存在し、それらから身を守って暮らす人類が描かれた。巨人は明確な意識がない様子で、生きている人間を見つけると襲い掛かって捕まえ、食ってしまう。[5]『東京喰種　―トーキョーグール』には、人を食わなければ生きていけない「喰種（グール）」という存在が現れる。見た目は人間と変わらず、会話もでき、人間社会に紛れて暮らしている。ただ、人間が食べる食物は体がまったく受け付けず、人肉のみを食す存在だ。また、赫子（かぐね）と呼ばれる人間を捕食する器官を持ち、戦闘能力が高い。『亜人』では、死なない人間「亜人」が登場する。見た目は人間と変わらず、本人も一度死んで復活するまで、自分が亜人かどうかはわからない。死んだ瞬間に蘇生するため、不死身である。人を食う性質はない。特殊な力として、ＩＢＭ(Invisible Black Matter)と呼ばれる「黒い幽霊」を発生させ、訓練すればこれを操作することができる。

この三作品の主人公はいずれも二種族の「間」に立たされる。『進撃の巨人』の主人公エレン・イェーガーは人間として生活していたが、ある時、自分には巨人になる力があることがわかる。人間の中には、「巨人」の力は戦力として貴重ではあるものの、人間の中に「巨人」が潜伏していたことに危機感を覚えて主人公を排斥しようとする人が出てくる。『亜人』の永井圭（ながい けい）は、トラックに轢《ひ》かれて死亡し、その場で復活したため亜人であることがわかる。亜人は不死身なので非常に強い存在ではあるが、「死亡するとすぐ復活する」という特徴から、人間に捕獲されて人体実験をされてしまう危険性がある。亜人の中には亜人同士で連帯し、人間に復讐《ふくしゅう》をしようと企てる者もいる。『東京喰種』の金木研（かねきけん）は、前二者とは異なり、元々は人間だった。喰種である神代利世（かみしろりぜ）に、まさに捕食されようかという、その時に共に事故に巻き込まれてしまう。重症を負った金木研は、神代利世の内臓を移植されて一命をとりとめる。喰種の内臓を移植されてしまったことで、金木は人間の食べ物を受け付けなくなり、半喰種となってしまう。

これらの作品の中には、異人間と対峙することを目的とした組織も描かれる。巨人には

5　物語が進むにつれて、意識を保った巨人が登場するなど、巨人も一様ではない。

調査兵団、亜人には厚生労働省亜人管理委員会、喰種には喰種対策局（CCG: Commission of Counter Ghoul）が、それぞれ対応している。これらの組織の中にも、さまざまな思想や行動理念を持った人々が描かれる。

5-2.『鬼滅の刃』の大ヒット

特に今、こうした構図を持った作品の中で、大きな人気を博しているのが吾峠呼世晴《ごとうげこよはる》のマンガ作品『鬼滅の刃』である。大学生の間でも話題になっており、『鬼滅の刃』のコミックス十八巻が発売された二〇一九年十二月には、書店やネット書店で売り切れが続出し、既刊の単行本も在庫がない状態が散見された。知り合いの書店員や、書店でアルバイトをしている学生たちに聞くと、一様に「ものすごい売れ方」なのだと言う。

二〇二〇年三月九日付のオリコン「週間 コミックランキング」（二〇二〇年二月二十四日～三月一日）によると、一位から一〇位まではすべて『鬼滅の刃』であり、一位から二〇位までのうち一六タイトルが『鬼滅の刃』という状況だ。ちなみに、同ランキングの二〇二〇年二月十七日付（二月三日～二月九日）では、二〇位までのうち、一位から一九位が『鬼滅の刃』が占めている。

本作は、マンガ雑誌『週刊少年ジャンプ』で二〇一六年二月より連載を開始、同六月にコミックスの第一巻が発売される。その後、二〇一九年四月から九月までアニメ版が放送されたことがきっかけで、爆発的な人気を博し、二〇一九年十一月二十七日に、原作コミックスの累計発行部数が二五〇〇万部を突破すると集英社から発表があった。二〇一九年末の第七十回紅白歌合戦には、アニメ版『鬼滅の刃』の主題歌である『紅蓮華《ぐれんげ》』を歌った歌手のLiSAが出場し、『鬼滅の刃』のアニメ映像をバックに主題歌を歌いあげた。舞台後の大晦日《おおみそか》の午後八時三十七分にLiSAによって投稿された紅白関連のツイート[6]は、二〇二〇年一月一日二十二時の時点で、八・八万リツイート、三八・三万いいねを獲得していた。二〇二〇年二月には、「第34回日本ゴールドディスク大賞」の配信楽曲賞の「ベスト5ソング・バイ・ダウンロード」に選ばれた。三月二日付のオリコン週間コミックランキングによると、週間一六七・五万部を売上、総売り上げ部数は四〇三六万部を記録した。

6 LiSAのツイートは以下の通り「#NHK　初出場、LiSA 紅蓮華ほんと感動しタァァァーーーほんとうみんなみんなみんなみなさま。ほんとうにありがとうございましたぁぁぁぁーーーーー！　#鬼滅の刃　のみんなも本当にありがとうございましたぁぁぁぁぁ！！大号泣。　#紅蓮組　がんばれーー！紅白まだまだ続きます！」

『鬼滅の刃』は、二〇二〇年には、劇場版アニメーション『劇場版 鬼滅の刃 無限列車編』の公開、舞台版の上演、展覧会「TVアニメ『鬼滅の刃』全集中展」の開催が決定している。[7] また、『ゾンビランドサガ』のような聖地巡礼も盛んに行われている。ただ、この場合の「聖地」は作品の舞台ではなく、主人公である竈門炭治郎の名字と同じ名前の「宝満宮竈門神社」(福岡県太宰府市)や「八万竈門神社」(大分県別府市)である。このように、登場人物の名前と一致した場所が聖地化する例はほかにもある。『忍たま乱太郎』の兵庫県尼崎市や、アイドルグループ「嵐」のメンバーの名字と同じ名前の神社などだ。

5-3. ゾンビ学から見る『鬼滅の刃』

さて、さまざまな方面に波及している『鬼滅の刃』だが、その人気の理由はなんだろうか。ここからは、ゾンビ・コンテンツを分析して明らかになったことを応用し、『鬼滅の刃』の分析を行ってみたい。まだ原作漫画を読まれていない方、アニメを見られていない方のために、話が進むにしたがって明らかになる事実を明かしてしまうこと、いわゆる「ネタバレ」は極力避け、基本的な設定や毎回の定番のストーリーの流れを対象に論じていきたい。[8]

『鬼滅の刃』の舞台は大正時代。主人公の竈門炭治郎（かまど たんじろう）は一家の長男として、炭売りをしながら暮らしていた。父親はすでに亡くなっているが、母親と五人の弟妹がいる。一人で町に炭売りに出かけた炭治郎が山中の自宅に戻ると、人を食う「鬼」によって、家族が殺されてしまっていた。炭治郎は、家族の中で、一人だけ体にぬくもりが残っていた妹の禰豆子（ねずこ）を背負い、助けを求めて雪の中を走る。その最中に禰豆子は意識を取り戻すが、禰豆子は鬼に変化してしまっており、炭治郎に襲い掛かってくる……。

ここまでで、本作に登場する人間と対峙する存在は「鬼」であることがわかる。「鬼」について、作中では以下のように解説される。「鬼」「主食・人間」「人間を殺して喰《た》べる」「いつどこから現れたのかは不明」「身体能力が高く傷などもたちどころに治る」「斬り落とさ

7 二〇二〇年三月二十日から同年四月七日まで開催予定であった東京会場での本展覧会は、新型コロナウイルスの感染拡大および政府が発表した「新型コロナウイルス対策基本方針」をうけて、中止となった。
8 とはいえ、作品の内容をまったく語らずに分析することは不可能なので、作品の内容を少しも知りたくない、という方は、295ページまで飛ばしていただければ幸いである。

れた肉も繋《つな》がり手足を新たに生やすことも可能」「体の形を変えたり異能を持つ鬼もいる」「太陽の光か特別な刀で頸《くび》を切り落とさない限り殺せない」。そして、本作にも、この「鬼」と対峙する組織が描かれる。「鬼殺隊」だ。「鬼殺隊」「その数およそ数百名」「政府から正式に認められていない組織」「だが古《いにしえ》より存在していて今日も鬼を狩る」「しかし鬼殺隊を誰が率いているのかは　謎に包まれていた」。主人公は、この鬼殺隊に入ることになる。

5-4.「引きこもり」と「決断主義」を調整する

『鬼滅の刃』は、これまでのジャンプ漫画との連続性を有するとともに、かなり特徴的な作品でもある。以下は、『ワールド・ウォーZ』の分析を行った第3章の「1-5.『引きこもり』と『決断主義』」で整理した、ジャンプ漫画の時代の変化を思い出しながら読んでいただきたい。

まずは、主な登場人物の特徴を整理しておこう。主人公の竈門炭治郎は強い「優しさ」を持つ。また、嗅覚《きゅうかく》が異様に鋭く、さまざまな「匂い」をかぎ分ける。この時の「匂い」は単に物理的な匂いだけではなく、相手の性格や感情を「匂い」として感じることができる。炭治郎と行動を共にする我妻善逸（あがつま　ぜんいつ）は聴覚が発達しており、ほかの人には聞けない「音」を聞くことができる。炭治郎同様、この「音」も物理的な音はもちろん、感情や心理状況も含む。そして、非常に臆病でマイナス思考である。女性が大好きで、炭治郎の妹である禰豆子に惚《ほ》れている。そして、炭治郎と善逸の鬼殺隊員の同期である嘴平伊之助（はしびら いのすけ）は触覚が鋭い。イノシシに育てられた野生児で、頭にはイノシシの頭巾をかぶっており、上半身は裸。好戦的な性格で、自分より強い対象に挑みかかる「猪突猛進」を信条としている。

炭治郎、善逸、伊之助は、鋭敏な感覚がそれぞれ異なるだけでなく、自分たちを取り巻く「世界」に対する態度があまりに違っている。炭治郎は、家族を鬼に惨殺され、妹を鬼に変えられているにもかかわらず、世界に対する優しさや信頼感、前向きさを失っていない。その対象は、人間だけでなく、鬼にもおよび、自分が殺した鬼の最期を看取り、鬼の魂は浄化されて成仏し、涙を流しながら消滅していく鬼もいる。一方の善逸にとって、世界は生きづらい。初登場時からずっと「自分はどうせすぐに死ぬ」と言い続けており、鬼殺隊に入隊する前段階の訓練でも泣き言ばかり言っていたようだ。全集中の呼吸「雷の型」の使い手だが、九つある型のうち一つの型しか身に付けられなかった。とにかくマイナス思考で、任務に対して後ろ向きな、いわば「引きこもり系」である。伊之助は、幼いころに山に放置されてしまい、イノシシに育てられた。自分を取り巻く世界には自分より弱いものか強いものしかいないと考え、強いものには「猪突猛進」で立ち向かっていく。まさに弱肉強食の世界をサヴァイヴしてきたキャラクターだ。

　このように、主人公と同じく鬼殺隊に所属している同期でも、価値観がかなり異なっている。特に、善逸が世界に対して「引きこもり」的な態度で、伊之助が「サヴァイヴ感」のある世界を生き残ってきた点は興味深い。

　さらに、こうした特徴は、同じ鬼殺隊の最強の剣士たちである「柱」を見ても同様だ。この「柱」は、一般の鬼殺隊員と比べて戦闘能力が高く、鬼の中でも強力な鬼を屠《ほふ》っている。常人とは異なる強さを身に付けた先輩格の登場人物たちであれば、思慮も深そうなものだが、初登場シーンでは性格が偏《かたよ》った人物として描かれる。また、柱同士でも価値観はかなり異なり、「鬼を殺す」ことを目的にし、隊の「お館《やかた》様」である産屋敷耀哉（うぶやしき　かがや）を慕っているという点以外は、共通点より相違点が目立つ。会話も成立しているようで、お互い伝わっているのか怪しいことも多い。一方の鬼のほうも、まとまっているとは言い難い。そもそも、鬼はもともと人間であり、鬼舞辻無惨（きぶつじ　むざん）が血を分け与えた者が鬼となる。鬼は群れないとされ、それぞれが独自に行動している。ただ、無惨が多く血を分け与えた特別に強い十二人の鬼「十二鬼月」がおり、無惨の命令に従い行動する。十二鬼月には、下弦の鬼が六人、より上位の上弦の鬼が六人いる。鬼殺隊で柱として認められるには、十二鬼月に勝つことが条件となる。

炭治郎は、この中にあって「優しさ」というノイズを持ち込む存在だ。とはいえ、炭治郎とて、単に優しいだけではいられない。物語冒頭で、炭治郎を鬼殺隊に導く二人の登場人物のセリフを見ておこう。人間としての意識をなくして鬼となった禰豆子に襲い掛かられた炭治郎は懸命に「鬼なんかになるな」と何度も呼びかける。炭治郎を襲いながらもその声に涙を流し始める禰豆子。その時、突如切りかかってくる者が現れる。とっさに禰豆子をかばって避ける炭治郎。切りかかってきたのは、鬼殺隊の「柱」の一人である冨岡義勇（とみおか　ぎゆう）だった。義勇は禰豆子を殺すと言って聞かない。炭治郎は土下座をして懇願する「やめてください……どうか妹を殺さないでください……お願いします……お願いします……」その様子を見て義勇は次の言葉を強い調子で投げかける。

「生殺与奪の権を他人に握らせるな!!」「惨めったらしくうずくまるのはやめろ!!」「そんなことが通用するならお前の家族は殺されてない」「奪うか奪われるかの時に主導権を握れない弱者が」「妹を治す?　仇《かたき》を見つける?」「笑止」「千万!!」「弱者には何の権利も選

択肢もない」「悉《ことごと》く力で強者にねじ伏せられるのみ!!」「妹を治す方法は鬼なら知っているかもしれない」「だが」「鬼共がお前の意志や願いを尊重してくれると思うなよ」「当然俺もお前を尊重しない」「それが現実だ」「なぜ」「さっきお前は妹に覆い被さった」「あんなことで守ったつもりか⁉」「なぜ斧《おの》を振らなかった」「なぜ俺に背中を見せた!!」「そのしくじりで妹を取られている」「お前ごと妹を串刺《くしざ》しにしても良かったんだぞ」

炭治郎と禰豆子が、引きこもっていても何も解決せず、弱い存在を誰も助けてくれない、そんな世界に投げ込まれたことが印象的に描かれている。この後、義勇の予想に反して禰豆子は、重度の飢餓状態にありながら炭治郎を食うどころか守ろうとし、義勇は二人の可能性にかける判断をする。炭治郎に、鬼殺隊の剣士を育てる役割を担っている鱗滝左近次(うろこだき さこんじ)を紹介する。

初対面で左近次は炭治郎に尋ねる。「妹が人を喰った時お前はどうする」。すぐに答えられない炭治郎を左近次は平手打ちにして、次のように言う。「判断が遅い」「お前はとにかく判断が遅い」「今の質問に間髪入れず答えられなかったのは何故か?」「お前の覚悟が甘いからだ」「妹が人を喰った時にやることは二つ」「妹を殺しお前は腹を切って死ぬ」「鬼になった妹を連れて行くというのはそういうことだ」。

まさに決断主義である。義勇と左近次によって、この世界は、引きこもっていても誰も助けてくれず、とにかく自分の責任において何らかの決断を瞬時に行っていかなければ生き残っていけないサヴァイヴ感に満ちたバトルロワイヤルの世界であることが示される。映画『ワールド・ウォーZ』の世界で主人公が対峙する世界と同じだ。

炭治郎は、この後、鬼殺隊に入隊し、前述した我妻善逸や嘴平伊之助、そして、柱の面々とともに、鬼を殺す任務を遂行していく。善逸は引きこもりの象徴であり、伊之助は弱肉強食の体現者だ。善逸はとにかくマイナス思考で口を開けば自分は死ぬと言って聞かず、守ってほしいと懇願する。伊之助は自分より強いものに挑んで打ち倒すことしか考えておらず、鬼に襲われている子どもを踏みつけにして鬼に猪突猛進していく。炭治郎はこの二者に対して、少しずれたツッコミを入れながら調整しつつ、任務を遂行していく。その過程でこの二者も変化し始め、チームプレイも見られるようになっていく。ただし、注意しておく必要があるのは、炭治郎は、鬼を「殺さない」という選択は基本的にしないことだ。あるエピソードでは、とある理由で鬼の首をはねる際に痛みをなくす技を使うシーンが出てくる。ただし、「鬼」であり、人を食った存在を殺すことはやめない。この点は、炭治郎は「引きこもり」を卒業し、「決断主義」のルールを徹底していることをあらわしている。

また、善逸も「引きこもり」を体現するキャラクターではあるが、受忍限度を超えた緊張状態に達すると眠ってしまい、その状態では強力な技を使って鬼を屠る。

つまり、このように構造で見てみると、二〇一〇年代に連載が始まった『鬼滅の刃』は、九〇年代的想像力である「引きこもり」と、ゼロ年代的想像力である「決断主義」をどのように調整して生きていけるのか、について描いた作品だと捉えることができる。主人公は心根は優しい少年だが、社会がそのままでは生かしておいてくれない。力を得て、自分の責任でスピーディーに決断し、鬼を殺す存在となる。とはいえ、元の「優しさ」は消えてはいない。残酷なバトルロワイヤルの「決断主義」の世界にあって、その「優しさ」や「思いやり」「人間性」が、事態を変えられるのかを問うた、現代社会の問題を考えさせる「リアル」な物語として読むことができる。

5-5. 複雑化する「間」の存在

人間と鬼の「間」の存在として、主人公の妹である竈門禰豆子が登場する。そうすると、これまでの『進撃の巨人』『東京喰種 トーキョーグール』『亜人』とは構造が異なっていることになる。主人公の炭治郎は鬼の要素はないため「間の存在」ではないように見える。

この「間の存在」に着目して、さらに分析を進めてみよう。

実は、「間の存在」は禰豆子だけではない。物語が進むと、珠世（たまよ）と愈史郎（ゆしろう）[9]という鬼が登場する。この二人もほかの鬼と同様に、元は人間だったがとある理由で鬼となっている。鬼は通常、鬼舞辻無惨の支配下にある。離れていてもその生殺与奪の権は無惨が握っており、場所も把握されている。ところが、この二人は、その支配から逃れて、無惨とは敵対しており、むしろ鬼殺隊の味方をする。珠世と愈史郎は、「存在としての間の存在」と名づけることができる。基本的な性質は鬼でありながら、人間に襲い掛かる性質を克服し、人間の味方をする。

一方で、『鬼滅の刃』には、「力としての間の存在」と言える人々が登場する。鬼殺隊員は、人間でありながら、鬼と戦うために、常人では到達不可能な力を手に入れる。炭治郎の師である鱗滝左近次のような育手（そだて）と呼ばれる剣士を育てる人々が各地にいて、個別に弟子を取り、鍛えていくが、その過程で、「全集中の呼吸」と呼ばれる呼吸法を教え

9　実は、この二人のキャラクターは、『鬼滅の刃』の前身である短編『過狩り狩り』にすでに登場している。

られる。この呼吸には、それに伴って火や水、雷、愛といったさまざまな剣技の型がある。また、鬼殺隊の隊士が持つ刀は日輪刀（にちりんとう）と呼ばれる特殊な刀で、鬼はこれで首を切断されるか、太陽の光に当たらないと死なない。鬼殺隊員の中にも、特異な「間の存在」がいる。それは、鬼を食うことで鬼の力を発揮することができる不死川玄弥（しなずがわ げんや）だ。彼は、全集中の呼吸が使えず、その代わりに、鬼の体を食べ、瞬時に消化、吸収することで鬼の力を得て戦う。

そして、存在としても、力としても間の存在となってしまったのが、炭治郎の妹である竈門禰豆子なのだ。『進撃の巨人』『東京喰種 トーキョーグール』『亜人』などでは、主人公が否応なく、身体的に、異人間になってしまい、間の存在となる。『鬼滅の刃』では、その「身体的に」「否応なく」間の存在となる役割を担っているのが禰豆子だ。炭治郎は、禰豆子という「間の存在」の兄であると同時に、力としての間の存在となり、かつ、前節で確認した通り、性格として持っている「優しさ」によって、鬼にも同情の気持ちを忘れない「気持ちとしての間の存在」にもなっている。

以上、見てきたように『鬼滅の刃』は、人間と鬼、双方の陣営でも価値観が多様であり、かつ、さまざまな意味での「間の存在」が登場するコンテンツになっていることがわかる。

このことが、個性的で多様なキャラクターを生みだすことにつながっている。このように『鬼滅の刃』は、ゾンビ・コンテンツでこれまで描かれてきた「価値観の対立」の問題を中心に見てみると、その構造や特徴がより鮮明に見えてくる。炭治郎は、無事に禰豆子を人間に戻すことができるのか、鬼殺隊員たちは、鬼たちはどうなるのか、このバトルロワイヤルな世界はどのように終焉《しゅうえん》を迎えるのか、あるいは、迎えないのか、その結末が実に楽しみである。

5-6. 結局、なぜ人々はゾンビに惹かれるのか

さて、そろそろ授業も終わりに近づいてきた。ここまで、ゾンビについてさまざまな角度から論じてきたが、まとめてみよう。

ゾンビは、登場することで、日常を非日常に変えてしまう存在だ。その性質はコンテンツ作品だけでなく、テーマパークやイベントなどでも力を発揮する。ゾンビという存在が現れることによって、その空間や社会が変容するのだ。そして、そうした世界でどのように振る舞えば良いのかを登場人物たちに問いかける。

ゾンビがほかのモンスターと大きく違うのは、ゾンビがもはや「他者」でありながら、

元は我々と同じ人間である点だ。もしかしたら知り合いや家族、そして、自分もそうなってしまうかもしれない存在である。非人間でありながら、人間と地続きなのだ。

つまり、ゾンビは、人間や社会の姿を映し出す鏡のような存在であると言える。鏡は不思議な存在だ。自分の姿が反転して見える。これは、実際に人から見られている自分の姿に近くはあるが、そのものではない。自分が見ている鏡に映った自分はとても奇妙で、見たいような、見たくないような、目を背けたくなるような、見入ってしまうような、そんな存在である。ゾンビはまさに、鏡のような気になる存在として、我々の前に現れる。だからこそ、私たちはゾンビを気味悪がると同時に、惹かれるのである。

おわりに

ゾンビ学の授業も終わりに差し掛かってきた。大学の授業は、半期で十五回である。週に一回だから、単純計算で十五週間ある。休み明けに授業が始まると、毎回「十五回って長いなぁ」と思う。私はおそらく大学教員の中では授業が好きなほうだが、それでもそう感じる。ところが、始まってみると「あれも話したい」「これも伝えないと」「学生は面白いこと考えるなぁ」とやっているうちにすぐ終わってしまう。

私は、毎回の授業で記述式の課題を出すとともに、授業内ではレポートの執筆方法や課題文の読み方も解説している。受講生は十五回にわたって、毎回課題を書かねばならず、その上最終課題レポートを執筆して提出せねばならない。かなりの負担だと思うが、そのかいあってか、最初の課題では短い文章しか書けなかった受講生が、どんどん長く論理的で構造のしっかりした文章を書くようになっていく。最終レポートの中にはＡ４サイズで二十枚以上のものもあり、読みごたえがある。二年生にして「これは卒論では？」と思うような量と質のものを仕上げてくる受講生もいる。

ちなみに私は、レポートについて、最低何文字書けとか、上限は何文字だとか、そういう制限は設けない。また、長文レポートを完成させる受講生が最初から長い文章を書くのが得意だったわけでもない。それにもかかわらず、クオリティの高いレポートを書いてしまうのはなぜか。それは、研究の面白さにハマってくれたからだ。人間、好きなことならすごい力を発揮するのである。

レポートと同時に出してもらう授業の感想には「こんなに長い文章が書けたのは初めて」「レポートを書くのが楽しくて、書き終えるのが寂しかった」「研究って面白いものだったんですね」といった言葉が並ぶ。私はこうした感想がとても好きだ。「授業が面白かった」「ゾンビについて知れて良かった」も有り難いが、それよりも嬉《うれ》しい。自分でテーマを決めて、自分で方法を考えて、自分で結果を得て、自分で考察する。その成果を文章で他者に対して表現する。この面白さに気づいてくれたのだろう。こうなってしまえば、しめたものだ。この受講生は「受動的に教えられる人間」から「能動的な研究者」になった。

さて、ふたたび、大学は、何を教えるところだろうか。専門的知識や技術の伝達はもちろん重要だ。医者や弁護士などの職業に直結する学びも大切である。しかし、それだけではない。昨今、不要論までささやかれる人文社会系で考えるとわかりやすい。教員によって意見の分かれるところだと思うが、私は、大学は「自分で世界から『面白さ』を引き出して表現する力」を磨いてもらえる場だと考えている。その時の『面白さ』は、なにも享楽的なものに限らないし、テーマも自由だ。言い換えるならば「自分を取り巻く世界に興味、関心を持つ力」である。つまり、自分の身の回りの人、モノ、出来事などの情報を積極的に取り入れ、かかわろうとする態度を涵養《かんよう》することだ。世の中に関心がない人間が社会を作ると考えるとぞっとする。

入り口はなんでも良い。本書を読んでくださった皆さんならおわかりの通り、ゾンビのような一見くだらない、マニアの世界の狭い狭い興味、関心のように思われるような、そんな対象であっても、調べていくとさまざまなものとつながっているし、その結果からは、ほかのことに応用できる「ものの見方」が得られる。「ものの見方」が得られると、より幅広い現象や知識に興味がひらかれる。一見逆の動きのように思えるが、一つのものを集中的に多角的に調べることによって、関心の幅は広がっていく。知識を吸収していく際には、その中心となるコアが必要で、一つ興味のあるものが定まり、知識のコアが形成されると、その周りにさまざまな知識や情報がくっついていく。そうなればしめたものだ。

大学教員としての私の役割は、学生たちが自由にこの世界からさまざまな見方を引っ張り出す後押しをすることだと考えている。このように書くと、正義感あふれた熱血教員のようだが、実は私には一方で、とても利己的な理由がある。それは、単純に面白いレポートや卒論を読みたいというものだ。授業の採点業務は大変である。受講生が三〇〇人を超える場合もある。ただでさえ多い上に、ひどい回答をたくさん読むとなると、実に苦しい。私はなんて小さな人間なのだろうか。いやいや。短期的には確かにこれもあるのだが、もう少し先のことも考えている。自分が暮らしている社会に面白い人、世の中を良くしようと考えて行動する人が多いほうが、生きていく上で楽しいし、未来に希望が持てる。やる気がない人や、文句ばっかり言って何もしない人の集まりより、それぞれが自立して、取り巻く世界と対峙し、そこから得たものを他者と交換し合う社会のほうがよくはないか。だから私は今日も大学でゾンビの話をする。面白い社会を一緒に創《つく》る仲間を増やすために。

本書で「ゾンビ学」を履修してくださった皆さんは、すでに能動的な研究者だ。これからもどんどんテーマを見つけて調査し、面白いことを考えて、発信してくださることを願う。私はそれを読ませていただくのを楽しみにしている。さて、そろそろ時間が来たのでゾンビ学の講義を終わりたい。皆さんお疲れさまでした。それでは、またどこかで！

本書は、二〇一七年に人文書院から出版した『ゾンビ学』のエッセンスを抽出して再構成するとともに、二〇一七年以降の作品や現象を含めてアップデートしたものである。この『ゾンビ学』は、近畿大学の「現代文化論」という講義と、同志社女子大学の「メディア社会学」という講義で教科書として用いてきた。決して安くはない教科書をしっかり購入し、決して軽くはない教科書を毎回持ってきてくれ、実に面白いレポートを完成させてくれた受講生たちには、本書の刊行をさまざまな点で後押ししてもらった。学恩に感謝である。

また、私が所属している近畿大学にも感謝したい。オープンキャンパスでゾンビの謎解きイベントを仕掛ける大学は、世界広しといえども近大ぐらいだろう。いいぞ、もっとやれ（笑）。おかげさまで、堂々とゾンビの研究ができている。さらに、執筆時間をくれた妻と子にも感謝である。書き上げましたので、すぐに育児シフトに戻ります。はい。

そして、扶桑社の高橋香澄さんに感謝申し上げる。執筆の打診をいただき、「是非とも！」とお返事を出したところ、ものすごい速さで企画を通してくださった。ずいぶん無茶な通し方をされたのではないかと社内でのお立場が心配だが（つまり、この本が売れないと本当に申し訳ない）、執筆者としては、とてもやる気が出た。本書執筆時、京都アニメーション放火事件が起きてしまった。私のもう一つの専門は「アニメ聖地巡礼」で、京都アニメーションの作品が「聖地巡礼」と深く関わっていたため、マスコミ各社の取材が殺到し、その対応に追われた。また、近畿大学のオープンキャンパスで京都アニメーション応援募金イベントを実施するなどして多忙を極めた。このようなことがあって執筆が大幅に遅れた際も、人間らしいあたたかさをもってご理解いただいた。高橋さんがいらっしゃらなければ、本書はこの世に、このタイミングで存在していない。

最後になりましたが、ここまで読んでくださった読者の皆さま、本当に有り難うございました。ゾンビに関心を持っていただけたら喜ばしいことですし、そうでなくても、皆さん自身がここで紹介したような研究の手法を用いて、独自の「○○学」を作り上げてくださるお手伝いができたのであれば、こんなに嬉しいことはありません。研究って大変なこともありますけど、本当に楽しいんですよね。

新型コロナウイルスによって緊急事態宣言が出された四月七日。自宅にて。早く終息することを祈りながら。

岡本 健

岡本 健（おかもと たけし）
1983年、奈良県生まれ。近畿大学総合社会学部総合社会学科准教授。専門は観光学、観光社会学、コンテンツツーリズム学、ゾンビ学。
北海道大学大学院国際広報メディア・観光学院観光創造専攻博士後期課程修了。博士（観光学）。著書に『コンテンツツーリズム研究　アニメ・マンガ・ゲームと観光・文化・社会』（福村出版）、『巡礼ビジネス』（角川新書）、『アニメ聖地巡礼の観光社会学　コンテンツツーリズムのメディア・コミュニケーション分析』（法律文化社）、『ゾンビ学』（人文書院）など。

装丁・DTP………影山聡子

扶桑社新書330

大学で学ぶゾンビ学
～人はなぜゾンビに惹かれるのか～

発行日　2020年5月1日　初版第1刷発行
　　　　2023年4月10日　　　第2刷発行

著　　者………岡本 健
発 行 者………小池英彦
発 行 所………株式会社　扶桑社
〒105-8070　東京都港区芝浦1-1-1　浜松町ビルディング
電話　03-6368-8870（編集）
　　　03-6368-8891（郵便室）
www.fusosha.co.jp
印刷・製本………中央精版印刷株式会社

※本文内の作品について、値段が書かれているものは、2020年4月10日現在のものです。